Pascal Heberlein

3 Dinge, die du über Erziehung wissen musst

Mit kreativer Erziehung zu glücklichen
Eltern und glücklichen Kindern

Über dieses Buch:

Warum bloß braucht es noch einen Erziehungsratgeber, wo es doch schon weit mehr als 10.000 allein in Deutschland gibt? Genau, weil es so viele gibt! Der Bücherdschungel an Ratgebern zur Kindererziehung ist derart riesig, unübersichtlich und widersprüchlich, dass es hilfreich ist, die wichtigsten Dinge für eine erfolgreiche Erziehung gebündelt aufzuschreiben. Das Ergebnis ist überraschend knapp: 3 Dinge, mehr braucht es nicht. Das vorliegende Buch ist aber mehr als die Zusammenfassung vieler Ratgeber. Wissenschaftliche Erkenntnisse fließen genauso wie pädagogische Coachingerfahrung und Wissen im Umgang mit aggressiven Kindern und Jugendlichen in dieses Buch ein. Dass die beste Theorie oft an der Wirklichkeit scheitert und deshalb realitätspassend gemacht werden muss, weiß der Autor als Vater von drei eigenen Kindern nur zu gut.

Eltern, die dieses Buch lesen, erfahren in einem Dreischritt aus Theorie – Methoden – Selbstcoaching, worum es bei Erziehung geht und wie sie passend zu ihrer eigenen Situation kreativ, liebevoll und nachhaltig ihre Kinder zu glücklichen Kindern erziehen können.

Über den Autor:

Dr. Pascal Heberlein, Jg. 1986, ist Erziehungswissenschaftler und leitet eine Einrichtung der Kinder-, Jugend- und Familienhilfe. Nebenbei hat er Erfahrung als selbstständiger Erziehungscoach und besitzt einen Lehrauftrag an einer Fachhochschule. Er lebt mit seiner Frau und seinen drei Kindern in Hamburg.

Pascal Heberlein

3 Dinge, die du über Erziehung wissen musst

Mit kreativer Erziehung zu glücklichen
Eltern und glücklichen Kindern

Impressum

Bibliografische Information der Deutschen Nationalbibliothek:
Die Deutsche Nationalbibliothek verzeichnet diese Publikation in
der Deutschen Nationalbibliografie; detaillierte bibliografische Daten
sind im Internet über http://dnb.dnb.de abrufbar.

© 2022 Pascal Heberlein
Herstellung und Verlag:
BoD – Books on Demand, Norderstedt
ISBN: 9783756808243

Für Ruby, Edgar, Nuno & Rebekka.

.

Inhalt

Einleitung

Einer vorsichtigen Schätzung zufolge gab es bereits im Jahr 2018 etwa 10.000 Eltern- und Erziehungsratgeber.[1] Warum in aller Welt braucht es nun also noch diesen hier? Genau aus diesem Grund: Der Bücherdschungel an Ratgebern zur Kindererziehung ist derart riesig, unübersichtlich und konträr, dass es notwendig erscheint, die wichtigsten Faktoren, die für eine erfolgreiche Erziehung nötig sind, konzentriert aufzuschreiben. Logischerweise muss das Ergebnis dementsprechend kurz und knapp sein: 3 Dinge, mehr braucht es nicht.

Nun kannst du mit einer gewissen Berechtigung fragen, ob man das vorliegende Buch lesen muss, wenn man doch schon diverse andere Ratgeber zu Erziehungsthemen gelesen hat. Das muss du natürlich für dich selbst entscheiden. Allerdings deutet die Tatsache, dass du nach all der Lektüre immer noch Interesse an einem Erziehungsbuch hast, daraufhin, dass du noch Fragen hast. Auch wenn dir das vorliegende Buch nicht für alles eine Musterlösung bietet, so garantiere ich dir doch, dass es durch einen Mix aus wissenschaftlichem Know-How, breiter pädagogischer Berufs- und eigener Lebenserfahrung mit Kindern nicht nur professionelle und

---

[1] https://www.sueddeutsche.de/leben/kindererziehung-die-alles-richtig-machen-wollen-1.4057044#:~:text=Vorsich-tige%20Sch%C3%A4tzungen%20gehen%20da-von%20aus,000%20Eltern%2D%20und%20Erziehungsratge-ber%20gibt. (Zugriff: 05.09.2022).

alltagstaugliche, sondern auch kreative und unkonventionelle Ideen präsentiert. Das Buch lädt dich ein, Kinder und Erziehung besser zu verstehen und eigene, individuelle sowie einfallsreiche Lösungen zu entwickeln, die zu dir und deiner Situation passen. Denn kein Ratgeber kann dir passgenaue Tipps für deinen Alltag geben. Vielmehr soll dieses Buch dich inspirieren, eigene Lösungen zu entwickeln!

Ding Nummer 1 führt in die Grundlage aller Erziehung ein und beleuchtet Erziehung großflächig. Hier findest du neben einiger Theorie vor allem eine Orientierung, worauf es immer ankommt.

Ding Nummer 2 liefert dir eine Unmenge an praktischen Tools, wie du herausfordernde Situationen im Erziehungsalltag meistern kannst. Auch dabei gibt es elementare Orientierungspunkte. Mit Hilfe von kleinen und großen, einfachen und aufwendigeren, erwartbaren und überraschenden Methoden wirst du erreichen, dass du und deine Kinder glücklich seid. Dass dabei auch manche heilige Erziehungskuh – metaphorisch – geschlachtet werden muss, gehört dazu.

Ding Nummer 3 nimmt etwas in den Blick, was viel zu oft zu kurz kommt: dich! Die beste Theorie nutzt dir nichts, wenn du es nicht schaffst, sie umzusetzen. Das ist das Wichtigste. In diesem Kapitel geht es dann genau darum: was du tun kannst, um wirklich glücklich zu erziehen.

Legen wir los!

Ding Nummer 1:
Beziehung statt Erziehung
oder
Langstreckenlauf statt Sprint

Es geht um etwas viel Größeres

Ein Buch über Erziehungsweisheiten mit einem Zitat des dänischen Philosophen Søren Kierkegaard anzufangen, kann nicht schaden. Er sagte einmal:»Verstehen kann man das Leben nur rückwärts. Leben kann man es nur vorwärts.« Nun handelt es sich bei diesem Zitat allerdings bestenfalls um eine Lebensweisheit, die wie all solche Erkenntnisse etwas pseudoklug und kitschig klingen und sich vielleicht gerade deshalb gut als Spruch für ein Wandtattoo eignen. Die Botschaft dieses Allgemeinplatzes ist natürlich aber richtig: Vieles verstehen wir erst im Nachhinein. Erst im Rückblick können wir Erlebtes einordnen und vielleicht einen Sinn sehen, wo im Augenblick des Geschehens Fassungslosigkeit vorherrschte. Das Leben im Hier und Jetzt bringt es oft mit sich, dass unser Blick eingeengt ist, wohingegen die Betrachtung zu einem späteren Zeitpunkt viel mehr Weite erlaubt.

In Erziehungsfragen ist es nicht anders. Bevor das erste Kind geboren wird, überlegt man sich vielleicht als Eltern, was einem wichtig ist. In den ersten Jahren des Nachwuchses festigen sich Prinzipien, die man unbedingt umgesetzt wissen möchte. Wenn diese scheitern oder zu oft über Bord geworfen werden müssen, fühlt sich das nicht gut an, weshalb viele Eltern dann umso vehementer versuchen, ihre Werte und Ideale durchzusetzen. Nicht selten kommt es vor, dass man mit einem gewissen zeitlichen Abstand zurückblickt und feststellt, dass die eigenen Werte tatsächlich im Leben der nunmehr erwachsenen Kinder eine Rolle spielen.

Ich vermute, liebe Leserin, lieber Leser, dass deine Kinder noch nicht erwachsen sind, du also noch mitten drinsteckst im Erziehungsalltag. Da du noch nicht den zeitlichen Abstand hast, um auf das große Ergebnis deiner Erziehung zu schauen, müssen wir dies fiktiv tun. Lass uns deshalb gemeinsam ein kleines Experiment machen. Nehmen wir einmal an, du wärst Rentnerin oder Rentner. Dein Kind bzw. deine Kinder sind längst erwachsen, wohnen wahrscheinlich – hoffentlich oder leider – nicht mehr zuhause und haben ihr eigenes Leben. Wenn du dich einmal in diese Situation versetzt, woran würdest du wohl erkennen, dass die Erziehung deines Kindes oder deiner Kinder erfolgreich und gut war? Welche Indikatoren sind für dich ausschlaggebend für den Erziehungserfolg? Die Bandbreite möglicher Antworten ist groß, doch wie lautet deine? Vielleicht findest du dich in einer der folgenden Optionen wieder, woran du deine erfolgreiche Erziehung im Nachhinein erkennen würdest:

➤   »Dass aus meinem Sohn etwas geworden ist«,
➤   »Dass mich die Kinder zum Geburtstag besuchen«,
➤   »Dass ich auf die Enkelkinder aufpassen darf«,
➤   »Dass es Harmonie in unserer Familie gibt«,
➤   »Dass ich die wichtigste Vertraute meiner Tochter bin«,
➤   »Dass mein Kind die gleichen Werte wie ich hat«,
➤   »Dass mein Kind glücklich ist«

Vielleicht hast du eine ganz andere Antwort. Auch wenn ich diese nicht kenne, vermute ich, dass sie *nicht* lautet:

> ➤ »Dass mein Kind nie Wutanfälle hatte«,
> ➤ »Dass mein Sohn als Teenager keinen Mist gebaut hat«,
> ➤ »Dass meine Kinder immer Zähne geputzt haben«
> ➤ »Dass meine Tochter immer die Wahrheit gesagt hat«
> ➤ »Dass die Kleinen meistens 20 Uhr geschlafen haben«

Warum ist das so? Der Erfolg von Erziehung bemisst sich nicht daran, dass der Alltag gut funktioniert oder dass gar die Kinder gut funktionieren. Das mögen wir uns in stressigen Situationen und in unserer Verzweiflung mitunter wünschen. Nein, der Erfolg von Erziehung bemisst sich an etwas viel Größerem. Es geht nicht um Gehorsam, Funktionieren oder gutes Benehmen, es geht um Beziehung!

Um genau zu sein: Es geht in der Regel um eine *lebenslange* Beziehung. Ob wir die Qualität der Beziehung dann anhand der Geburtstagsbesuche, dem Anvertrauen der Enkelkinder oder dem Nacheifern hinsichtlich der Werte messen, mag jede Person für sich entscheiden. Doch der Kern bleibt derselbe: Erziehung strebt nach Langfristigkeit und nicht nach schnellem Erfolg. Oder anders gesagt: Bei Erziehung geht es um einen Langstreckenlauf, nicht um einen Sprint.

Die australische Psychologin Nadene van der Linden hat sieben Anzeichen benannt, woran sie als Therapeutin bei Eltern erkennt, dass diese gut erziehen.[2] Das Interessante an ihren Erkenntnissen ist, dass drei der sieben Merkmale Verhaltensweisen der Kinder beschreiben, die nichts mit Kategorien wie *brav*, *lieb* oder *gehorsam* zu tun haben, sondern weit tiefer reichen:

1. Dein Kind teilt eine große Spannbreite an Emotionen mit dir
2. Dein Kind kommt mit seinen Problemen und Verletzungen zu dir
3. Dein Kind kann seine Gedanken und Gefühle mit dir diskutieren, ohne deine Reaktion fürchten zu müssen

Anhand dieser Anzeichen wird noch einmal deutlich, dass der Erfolg von Erziehung häufig etwas zu sein scheint, das man mit einer vertrauensvollen oder liebevollen Beziehung beschreiben kann.

Doch wie muss die Erziehung nun aussehen, damit es zu einer solchen Beziehung kommt? Hierüber geben die vier restlichen Anzeichen van der Lindens möglicherweise Auskunft:

4. Dein Feedback ist nicht kritisch und nicht wertend

---

[2] https://www.parent.com/blogs/conversations/7-signs-youre-an-a-wesome-parent?amp%3Butm_content=7%20Signs%20You%27re%20Parenting%20Right%20According%20to%0a%20Clinical%20Psychologist&amp%3Butm_medium=Parent.co&amp%3Butm_source=facebook_page&utm_campaign=coschedule (Zugriff: 22.08.2022).

5. Du ermutigst dein Kind, seine Interessen und Begabungen zu verfolgen
6. Du kreierst Grenzen, um deinem Kind Sicherheit zu geben
7. Du machst deine Fehler wieder gut

Auch hierbei wird wieder deutlich: Gute Erziehung zeichnet sich weder dadurch aus, keine Fehler zu machen, noch dadurch, dein Kind zu angepasstem und richtigem Verhalten zu bringen.

Vielleicht fragst du dich, wie ich auf die Idee komme, solche Aspekte überhaupt mit erfolgreicher Erziehung in Verbindung zu bringen. Der Grund dafür ist einfach: Die meisten Eltern, mit denen ich in meinem Erziehungscoaching zu tun habe, wollen genau das. Sie fragen sich, was sie tun können, damit ihr Kind Zähne putzt, rechtzeitig schläft oder aufhört, mit Schimpfwörtern um sich zu werfen. Und ich vermute sogar, dass solche oder ähnliche Fragen der Grund dafür sind, warum du dieses Buch liest.

Nun ist daran in keiner Weise etwas verwerflich, wenn sich Eltern Hilfe suchen, um den Alltag irgendwie zu überstehen. Zähne müssen nun einmal geputzt werden, zeitig schlafende Kinder geben Eltern die Möglichkeit, selbst aufzutanken und verbale Entgleisungen gehören sich einfach nicht. So wichtig effektive Erziehungsmethoden sind, die genau in solchen Herausforderungen erfolgreich helfen (wir kommen darauf im zweiten Teil zu sprechen!), so wichtig ist es aber auch, nicht aus dem Blick zu verlieren, dass es insgesamt um etwas viel

Größeres geht. Denn – so meine These am Anfang des Kapitels – wenn du später auf deine Erziehung zurückblickst, wirst du feststellen, dass es nicht um ein musterhaftes Verhalten ging, sondern um eine Beziehung, die ein Leben lang besteht. Und auch die Therapeutin Nadene van der Linden unterstreicht mit ihren sieben Anzeichen, dass es nicht um ein besonders gutes Funktionieren des Alltags geht, sondern um grundsätzliche Haltungen, die zum individuellen Wohl des Kindes und der Eltern-Kind-Beziehung beitragen. Ohne es zu wissen, vermute ich sogar, dass deine Antwort auf meine ursprüngliche Frage sich in etwa in den ersten drei Anzeichen van der Lindens wiederfindet.

Wenn dem so ist, dann bedeutet das: Dein Blick auf Erziehung darf weiter sein.

Ich sprach einmal mit einer Mutter zweier erwachsener Kinder. Beide Kinder waren Mitte Zwanzig. Die Mutter klagte darüber, wie schwer die Teenager-Phase der Kinder für sie als Eltern gewesen sei. Die Kinder haben nicht mehr gehört, Drogen genommen und seien völlig frei gedreht. Sie fühlte sich als große Versagerin. Als ich sie dann fragte, was ihre Kinder beruflich machten, war auffällig, dass beide angesehene Berufe hatten: Die Tochter war Lehrerin, der Sohn Ingenieur. Interessant dabei war: Die Frau selbst war Lehrerin, ihr Mann Ingenieur. Auf diese Parallelität hingewiesen, erzählte die Frau weiterhin, dass sie heute alle ein gutes Verhältnis haben, viel lachen und sich häufig sehen. Ist die Erziehung gescheitert? Natürlich nicht!

Diese Mutter ist kein Einzelfall. Schon oft habe ich mit Müttern gesprochen, die über ihre jugendlichen Kinder klagen oder darunter leiden, vermutlich »alles falsch gemacht« zu haben. Manchmal kenne ich dabei auch deren Kinder, die tatsächlich regelmäßig Mist bauen oder vonseiten der Schule Ärger bekommen. Doch in der Regel stelle ich fest, dass – nach meiner Beurteilung – die Beziehung zwischen Kind und Mutter intakt ist. Denn oft erfahren diese Mütter nicht erst von der Schule, dass es Probleme gab, sondern ihre Kinder vertrauen sich ihnen eigenständig an und bitten um Hilfe. Auch aufgrund der Art und Weise, wie die Jugendlichen *mit* ihrer und *über* ihre Mutter sprechen, zeigt, dass sie viel Wertschätzung und Liebe für diese haben.

Wenn du dich nun daran erinnerst, woran du als Rentnerin oder Rentner erkennen würdest, dass deine Erziehung gut war, dann findest du das hier wieder: Auch wenn sich die jugendlichen Kinder nicht musterhaft verhalten, haben die Mütter eines ganz sicher richtig gemacht – ihnen ist es gelungen, eine gute Beziehung zu ihren Kindern zu erhalten. Und wenn es mir gelingt, diesen Müttern deutlich zu machen, dass es bei Erziehung um etwas Größeres als richtiges Verhalten geht, dann haben sie eine Chance, sich von Selbstvorwürfen zu befreien.

Wie wichtig es ist, sich immer zu verdeutlichen, worum es uns eigentlich geht, welche – auch kleinen – Ziele man mit seinem Tun verfolgt, darum soll es im nächsten Abschnitt gehen.

Was Martin Luther King und Bill Gates mit Erziehung zu tun haben

Als Martin Luther King am 28. August 1963 in Washington, D. C. seine berühmte Rede mit dem Titel *I Have a Dream* vor 250.000 Menschen hielt, erzeugte er mit seinen inneren Bildern wahre Begeisterungsstürme. Er sah Dinge, die in der Gesellschaft möglich waren, die aber zum Zeitpunkt der Rede noch unvorstellbar schienen. Nur ein paar Jahre später formulierte der junge Bill Gates ebenfalls eine Vision, die nicht weniger unvorstellbar war: ein PC auf jedem Schreibtisch und in jedem Haushalt. Praktischerweise beinhaltete die Vision zugleich die Vorstellung, dass seine Firma die Software dafür liefert. Einige Jahrzehnte später muss man sagen: Er hat es geschafft!

Menschen mit Vision zeichnet aus, dass sie genug Fantasie haben, um völlig unrealistische Dinge zu sehen und genug Glauben, um von ihrer Verwirklichung überzeugt zu sein. Wahrscheinlich blickst auch du ehrfurchtsvoll zu solch großen Persönlichkeiten auf und ziehst deinen Hut. Doch im Grunde bist auch du eine visionäre Person! Jeder Mensch, der einen anderen Menschen erzieht, handelt visionär. Aus Bescheidenheit nennen wir unsere Visionen aber eher *Ziele* oder *Erwartungen*. Doch im Grunde ist es ganz ähnlich: Als Eltern sehen wir etwas in unseren Kindern, das diese noch nicht sehen oder sehen können. Das fängt bei aktuellen und spezifischen Verhaltensweisen an (»Mein Kind soll seinen Schulranzen ins Regal räumen«); meint aber auch weit in die

Zukunft reichende und allgemeine Ziele (»Mein Kind soll glücklich sein«, »Mein Kind soll Abitur machen«). Wenn du diese Ziele nun im Stile Martin Luther Kings ausdrückst, dann merkst du, wie visionär auch du bist: »Ich habe einen Traum, dass eines Tages mein Kind seinen Schulranzen ins Regal räumt.« Natürlich klingt das überzogen bei solch alltäglichen Anliegen, doch wird deutlich, dass Erziehungsziele eine Form von Visionen sind. Demnach bist auch du ein Visionär oder eine Visionärin!

Doch was sind deine Ziele, Wünsche, Visionen für dein Kind? In einer alten Untersuchung von 1980 haben die Psychotherapeutin Veronika Grüneisen und der Psychologieprofessor Ernst-Hartmut Hoff[3] herausgefunden, dass die wichtigsten Erziehungsziele von Eltern von sechs- bis zehnjährigen Kindern folgende waren: *ehrlich sein*, *glücklich sein*, *selbstständig sein*. Schaut man sich eine repräsentative Untersuchung aus dem Jahr 2006[4] an, bei der Menschen ab 14 Jahren befragt wurden, welche aus einer Liste auszuwählenden Erziehungsziele ihnen besonders wichtig sind, waren die bedeutsamsten Ziele: *Ehrlichkeit*, *Selbstständigkeit*, *Verlässlichkeit*. Überraschend, wie ähnlich die Erziehungsziele ein Viertel Jahrhundert später noch sind, oder? Und auch wenn man neuere Befragungen

---

3   Grüneisen, Veronika & Hoff, Ernst-Hartmut (1980): *Familienerziehung und Lebenssituation*. Weinheim: Beltz.
4   BAT Freizeit-Forschungsinstitut (2006): *Repräsentativbefragung von 2000 Personen ab 14 Jahren im Juni 2006 in Deutschland*, zit. n. Bundesministerium für Familie, Senioren, Frauen und Jugend. 2006:4. (https://www.bmfsfj.de/blob/94362/5e314069a61407b960f374b11 bcdbffb/monitor-4-8-jahr-2006-werteorientierte-erziehung-haushalt-und-beruf-data.pdf (Zugriff: 09.05.2019).

ansieht, stellt man fest, dass es kaum Veränderungen gibt. So kommt eine Repräsentativumfrage aus dem Jahr 2018[6], bei der 1.000 Personen ab 14 Jahren zum gleichen Thema befragt wurden, zu folgenden Top-3-Werten: *Ehrlichkeit, Respekt, Verlässlichkeit*. Mit nur minimal weniger Nennungen folgt ebenfalls wieder die *Selbstständigkeit* auf Platz 5.

Welche Werte bzw. Ziele auch immer für dich wichtig sind, die entscheidende Frage lautet: Steuerst du diese wirklich durch deine Erziehung an? Beleuchten wir diese Frage einmal anhand des Top-Werts *Ehrlichkeit*.

Wenn wir von Kindern erwarten, dass sie ehrlich sind, dann meinen wir in der Regel, dass sie die Wahrheit sagen sollen. Doch wie bringen wir sie dahin und wie gehen wir damit um, wenn sie ehrlich sind?

In dem Kinderbuch *Der Neinrich und andere Mutmach-Geschichten* von Edith Schreiber-Wicke und Carola Holland[7] gibt es die Erzählung vom *König Wirklichwahr*. Diese beginnt damit, dass der ca. siebenjährige Leo mit dem Lippenstift seiner Mutter malt, während sie ihn aus dem Nachbarzimmer fragt, ob er wisse, wo ihr Lippenstift ist. Er antwortet darauf mit »Keine Ahnung«. Als sie bemerkt, dass der Lippenstift bei Leo ist und er sie angelogen hat, erklärt sie ihm, dass sie erwartet,

---

6   Ipsos-Studie »Erziehungsziele heute«, Ipsus CAPIBUS, persönliche Befragung von 1000 Personen ab 14 Jahren, Feldzeit: März 2018, zit. n. http://www.marktmeinungmensch.de/studien/die-top-erziehungsziele-der-deutschen-2018/ (Zugriff: 09.05.2019).
7   Schreiber-Wicke, Edith & Holland, Carola (2017): *Der Neinrich und andere Mutmach-Geschichten*. Stuttgart: Thienemann.

wahrheitsgemäße Antworten zu erhalten. Daraufhin entgegnet der Junge schlagfertig: »Dann hättest du doch den Lippenstift wieder haben wollen. Und ich war noch nicht fertig.« Das bestätigt die Mutter zwar, beharrt aber darauf, dass man immer die Wahrheit sagen müsse. Im Folgenden kommt es zu einigen Begebenheiten, in denen Leo die Wahrheit sagt und sich damit Ärger einhandelt. So zum Beispiel, als er mit seiner Mutter bei deren Schwester zu Besuch ist und ehrlich sagt, dass ihm ihr Kuchen überhaupt nicht schmeckt, noch nie geschmeckt hat und es seiner Mutter genauso geht – was diese ihm kurz vorher gestanden hat.

Diese Geschichte drückt wunderbar aus, wie es um die Ehrlichkeit in der Erziehung bestellt ist. Da Kinder immer wieder erleben, dass die Wahrheit ihnen nur Ärger und Nachteile einbringt, wählen sie lieber die Lüge. Gerade wenn Erwachsene nicht herausbekommen, was wirklich stimmt, entgehen Kinder Schimpftiraden und diversen Bestrafungen. Das heißt, obwohl Erwachsene immer wieder *sagen*, dass die Kinder ehrlich sein sollen, *zeigen* sie doch in der Realität, dass es der viel vorteilhaftere Weg ist, unehrlich zu sein, da Ehrlichkeit fast immer mit Ärger einhergeht. Hinzu kommt – wie beim Kuchenessen bei Leos Tante –, dass die Erwachsenen selbst nicht immer die Wahrheit sagen und somit etwas anderes vorleben, als sie predigen.

Was sagt uns das nun über das Erziehungsziel *Ehrlichkeit*? In vielen Fällen steuern wir mit unserer Erziehung eben gerade nicht auf das Ziel zu, sondern auf ein ganz anderes, vielleicht sogar genau gegenteiliges. So kann man davon ausgehen, dass Kinder, die jedes Mal gescholten werden, wenn sie die Wahrheit sagen, lernen, dass es einzig darum geht, *besser* zu lügen oder noch mehr darauf zu achten, dass man nicht erwischt wird.

Wie kann es nun gelingen, Kinder dazu zu bewegen, ehrlich Fehltritte zu gestehen, ohne Androhung einer Strafe? Es kann doch nicht die Lösung sein, dass Ehrlichkeit immer dazu führt, dass es keinen Ärger gibt, nur weil eben die Wahrheit gesagt wurde? Natürlich nicht! Aber wir sollten differenziert auf eine Beichte reagieren. Wir können es anerkennen, dass das Kind die Wahrheit gesagt hat und betonen, dass wir uns darüber sehr freuen. Und dann kann unabhängig davon über das falsche Verhalten gesprochen und geurteilt werden.

Bevor wir uns weiter mit Erziehungszielen beschäftigen, soll noch ein weiterer, wichtiger Gedanke zum Thema *Ehrlichkeit* erwähnt werden. Leo erfährt im Laufe des Buches durch die Figur *König Wirklichwahr*, dass jeder Mensch unterschiedliche Sichtweisen hat und es demnach auch verschiedene Wahrheiten gibt und dass es häufig auf die Perspektive ankommt. Deshalb, so empfiehlt König Wirklichwahr, solle Leo die Wahrheit suchen, die für ihn richtig sei und die er als Bauchgefühl erfassen könne. Dieser Lösungsvorschlag ist ethisch sicherlich diskutabel und etwas zu knapp formuliert (für ein Kinderbuch allerdings ziemlich tief!), macht aber deutlich, dass das Konzept *Sag immer die Wahrheit* nicht funktioniert. Die Wahrheit zu sagen ist in der Tat eine hochphilosophische Angelegenheit. Das merkt man bereits anhand der Eltern-Kind-Beziehung. Die Eltern erwarten vom Kind, dass es ehrlich ist und alles sagt, hingegen kämen Eltern niemals – und völlig zurecht – auf die Idee, alles wahrheitsgetreu ihren Kindern zu erzählen. Hier wird deutlich, dass Wahrheit nicht allgemeingültig, sondern je nach Situation und Person variabel ist.

Die Problematik setzt sich noch fort. Wenn wir von unseren Kindern pauschal radikale Ehrlichkeit fordern, dann brauchen wir uns nicht zu wundern, wenn sie in der Schule andere Kinder als »fett«, »hässlich« oder als »Pickelgesicht« bezeichnen. Sie sind nur ehrlich! Wollen wir Kinder zu ehrlichen Menschen erziehen, müssen wir ihnen erklären, dass menschliche Schwachheiten berücksichtigt werden müssen und dass es demnach ab einem gewissen Grad wichtiger ist, andere nicht zu verletzen, als wahrheitsgetreu zu sprechen. Doch nicht nur das: Wir müssen ihnen auch erklären, dass sie sich selbst schützen dürfen, indem sie die Wahrheit verschweigen, wenn der oder die Fragende kein Recht hat zu fragen. Wenn also beispielsweise eine Gruppe Grundschulkinder einen Außenseiter lautstark fragt, ob er noch ins Bett mache, dann darf er verneinen, auch wenn das nicht der Wahrheit entspricht.

Es ist also gar nicht so leicht, den richtigen Weg zum Erziehungsziel zu finden und zu gehen. Im Gegenteil: Wenn man nicht aufpasst, führen die eigenen Methoden geradewegs zum genauen Gegenteil. Dies ist nicht nur bei *Ehrlichkeit* so, sondern auch bei anderen Zielen.

Betrachten wir noch kurz einen weiteren Wert, der laut Untersuchungen sehr beliebt ist: *Selbstständigkeit.*

Viele Eltern wünschen sich, dass ihre Kinder selbstständig sind. Dieser Wunsch beinhaltet häufig die Annahme, dass die jungen Menschen ihren eigenen Weg gehen, Entscheidungen treffen, die sie glücklich machen, und auf eigenen Beinen stehen. So weit, so gut. Was sie brauchen, um zu diesem Ziel zu kommen, ist etwas, das viele Eltern aber nicht mögen: einen eigenen Willen. Genau genommen gilt sogar: Je stärker der eigene Wille ist, umso selbstständiger werden Kinder ihren eigenen Weg gehen.

Ich vermute, du ahnst bereits, worauf ich hinaus möchte: Auch in diesem Punkt erziehen wir häufig ambivalent. Wir wollen, dass Kinder selbstständig werden und dass sie wissen, was sie wollen, unterdrücken aber an vielen Stellen ihren Willen, wenn er nicht zu unserem eigenen passt. Möchten wir, dass Kinder gehorchen, sich an unsere Regeln halten, der gesellschaftlichen Etikette immer entsprechen, kurzum: sich uns unterwerfen, dann ist das exakt das Gegenteil von Selbstständigkeit. Streben wir hingegen die kindliche Autonomie an, dann müssen wir es aushalten, wenn Kinder eine eigene Meinung haben, Dinge anders machen, als wir sie uns vorstellen und widersprechen.

Wenn es im Großen – im Rückblick als Rentnerin oder Rentner – darum ging, eine lebenslange, intakte Beziehung zu haben, dann folgte daraus, dass es möglicherweise weit weniger wichtig ist, dass unser Kind immer 20

Uhr schläft oder nie »Scheiße« sagt. Das Ziel bestimmt also die alltägliche Erziehung. Das ist beim großen Lebensziel nichts anderes als bei kleineren Zwischenzielen. Immer wieder sind wir als Erziehende gefordert, unser Tun einer Prüfung zu unterziehen, ob es dem angestrebten Ergebnis dient. Du solltest dich also fragen: Was will ich wirklich erreichen?

Erziehung und Beziehung – ein Widerspruch?

Bei Erziehung geht es – wie wir gesehen haben – vorrangig nicht um den einzelnen Moment, sondern um etwas Größeres. Und doch geht es auch um den Moment. Denn die unzähligen Situationen im Alltag, in denen die Kinder uns zur Weißglut treiben, sind es, die es im Hier und Jetzt zu bewältigen gilt. Das heißt, wir scheinen vor einem Dilemma zu stehen: Entweder setzen wir alles daran, später eine vertrauensvolle Beziehung zu haben und dabei drehen wir heute durch oder wir bewältigen unseren Erziehungsalltag heute, gefährden damit aber unsere langfristige Beziehung. Widersprechen sich Erziehung und Beziehung also?

Nein, ganz und gar nicht! Vielmehr ist eine gute Beziehung sowohl Grundlage als auch Ziel jeglichen Erziehungserfolgs. Dass eine gute Beziehung das Ziel ist, haben wir anhand unserer Reflexion als Rentnerin oder Rentner schon gesehen. Darauf werden wir später noch einmal genauer eingehen. Nun wollen wir uns erst einmal ansehen, inwiefern eine gute Beziehung die Grundlage für erfolgreiche Erziehung ist.

Wir brauchen eine positive Beziehung zu unseren Kindern. »Positiv« ist dabei natürlich ein vager Begriff, der von jedem Menschen unterschiedlich verstanden wird. Deshalb beschreibe ich kurz, was ich darunter verstehe. Eine positive Beziehung meint für mich, dass sich Kinder geliebt wissen und Eltern grundsätzlich das Beste für ihr Kind wollen. Es geht also um weit mehr als nur darum, dass immer alles Friede, Freude, Eierkuchen ist. Wenn die Beziehung von einem Verständnis – oder Gefühl – des Kindes geprägt ist, das im Kern sagt: »Die meinen es grundsätzlich gut mit mir«, dann soll uns das als Definition von *positive Beziehung* an dieser Stelle genügen.

Warum ist eine solche Beziehung nun Grundlage für den Erziehungserfolg? Weil sie dazu führt, dass das Kind seinen Eltern vertraut. Dieses Vertrauen ist das A und O dafür, um das zu erreichen, was erfolgreiche Erziehung ausmacht: Kinder lassen sich führen und prägen.[9]

»Oh nein«, denkst du jetzt vielleicht, »ich habe so oft mit meinem Kind geschimpft, wahrscheinlich ist dadurch eine wirkliche vertrauensvolle Beziehung verbaut!« Ich kann dich beruhigen: In der Regel kannst du gar nicht *keine* vertrauensvolle Beziehung zu deinem Kind haben. Grund dafür ist eine Art Zaubertrank mit dem Namen

---

[9] Wenn ich im Folgenden für eine Erziehung plädiere, die auf Basis einer vertrauensvollen Beziehung gelingt, dann gehe ich immer von Eltern aus, die zum Wohle ihrer Kinder handeln und nicht vorrangig ihre eigenen Interessen verfolgen.

»Oxytocin«. Dieses Hormon bewirkt, dass wir andere Menschen lieben, ihnen vertrauen und uns an sie binden möchten. Bereits vor der Geburt wird das Bindungshormon im Kopf der Mutter ausgeschüttet; aber auch der Vater und natürlich das Baby selbst dürfen die Wirkung dieses »Zaubertranks« erleben. Dadurch ist von Geburt an natürlicherweise garantiert, dass es eine gute Beziehung zwischen Kindern und ihren Eltern gibt. Der »Zaubertrank« ist sogar so stark, dass selbst größte Fehler unsererseits dieser Beziehung lange Zeit nichts anhaben können. Wer also meint, so vieles in der frühen Kindheit des eigenen Nachwuchses falsch gemacht zu haben, weswegen nun die Beziehung kaputt ist, irrt meistens.

Aus dieser hormonell bedingten Festigkeit der Beziehung folgt eine wichtige Tatsache für Erziehung: Eltern werden zum Vorbild für ihr Kind. Und dieses Vorbildsein bewirkt automatisch, dass Kinder Dinge nachahmen, die ihre Eltern tun. Das kann manchmal erschreckend sein, weil unsere Kinder nicht nur das Verhalten kopieren, das wir gut finden, sondern auch unser weniger vorteilhaftes Benehmen. Manchmal kommen Eltern mit dem Wunsch in mein Coaching, ihr Kind möge nicht so übertrieben reagieren, wenn es unzufrieden ist. Wenn ich dann nach einiger Zeit frage, wie eigentlich die Eltern reagieren, wenn sie selbst wegen irgendeiner Sache unzufrieden sind, dann wird häufig ein sehr ähnliches Verhalten wie das des Kindes beschrieben. Kinder schauen sich viele Dinge von ihren Eltern ab. Sie kooperieren.

Eine vertrauensvolle Beziehung, in der Kinder die Erwachsenen nachahmen, ist sehr wichtig, wie der Neurowissenschaftler Gerald Hüther betont:

> Kinder machen nie allen Personen alles nach, sondern nur denen, die sie bewundern, die für sie besonders wichtig sind, mit denen sie sich emotional eng verbunden fühlen. Sie sind ihre Vorbilder. Alle anderen können sich anstrengen so viel sie wollen, um einem Kind, einem Jugendlichen oder einem Erwachsenen etwas beizubringen. […] Und dann wird das, was das Vorbild macht, nicht nur einfach nachgemacht, sondern auch richtig fest in Form entsprechend gedüngter und gewachsener Verschaltungsmuster im Gehirn verankert.[10]

Warum ist Beziehung also so wichtig? Weil sie Erwachsene automatisch zu Vorbildern und Modellen macht, von denen die kindlichen Fans lernen wollen. Wie kommt eine solche Beziehung zustande? Sie ist von Anfang an gegeben. Wow! Wir sind also so geschaffen, dass Erziehung gelingen muss.

Damit diese enge Eltern-Kind-Beziehung aber auch noch in späteren Lebensphasen, z. B. in der Pubertät oder danach, besteht, dafür müssen Eltern vorher einiges richtig gemacht haben. Die weiter oben beschriebenen Mütter, deren Beziehung zu ihren Kindern intakt war, haben also tatsächlich eine großartige Leistung vollbracht. Denn obwohl alle Eltern ein riesiges Startkapital in

---

[10] Hüther, Gerald (2014): *Die Macht der inneren Bilder: Wie Visionen das Gehirn, den Menschen und die Welt verändern.* Göttingen: Vandenhoeck & Ruprecht.

Sachen Beziehung zu ihren Kindern haben, ist es alles andere als einfach, dieses Guthaben nicht bis zur Pubertät aufzubrauchen. Wir wollen uns später ausführlich damit befassen, wie wir die Beziehung zu unseren Kindern erhalten und festigen können.

In welchem Verhältnis stehen Beziehung und Erziehung?

Der Prozess, der abläuft, wenn Kinder das Verhalten ihrer Eltern kopieren, ist in der Wissenschaft bekannt unter dem Namen *Lernen am Modell*. Diese sozial-kognitive Lerntheorie ist eine der besten, die es gibt. Wenn das Lernen am Modell so wichtig für eine erfolgreiche Erziehung ist, müssen wir uns eine entscheidende und Konsequenz trächtige Frage stellen: Braucht es überhaupt noch Erziehungsmethoden? Wenn wir davon ausgehen, dass die meisten Dinge, die Kinder lernen sollen – wir sprechen nicht von Faktenwissen im Sinne von Algebra, Rechtschreibung oder historischen Daten –, sowieso automatisch über das Vorleben vermittelt werden, dann braucht es doch eigentlich weder Strafen und Belohnungen noch Regeln und Grenzen, ja, vielleicht noch nicht einmal mahnende Worte. Oder?

Vielleicht erscheint vor deinem geistigen Auge nun sofort eine Warnung: Wenn Kinder keine Grenzen gesetzt bekommen, dann finden sie sich in einer Welt voller Ordnung und Regeln nicht zurecht und werden die immer wieder beklagten Tyrannen und Tyranninnen! Eine plausible Befürchtung. Doch wenn unser Gehirn wirklich vor allem von Vorbildern lernt, indem es deren Verhalten beobachtet und kopiert, dann braucht es für Kinder tatsächlich nichts anderes »als die Gegenwart von Erwachsenen, die sich menschlich und sozial verhalten.«[11]

Das heißt, du musst dein Kind nicht immer wieder darauf hinweisen, es solle »Bitte« und »Danke« sagen oder ihm jedes Mal wieder eine Predigt darüber halten, dass Lesen wichtig ist – dein Kind nimmt diese Dinge bei dir wahr und setzt sie freiwillig um. Natürlich nicht immer und nicht immer sofort, aber es geht ja auch nicht um einen Sprint, sondern um einen Marathon. Wenn die Beziehung zwischen Eltern und Kind stimmt, dann ist aktives und bewusstes Erziehen wirklich zu großen Teilen überflüssig – Vorleben reicht in den allermeisten Fällen.

Es gibt Momente und Situationen, wo es klare Ansagen braucht. Doch sind diese wahrscheinlich viel seltener, als wir gemeinhin vermuten. Wie diese Momente pädagogisch sinnvoll und erfolgreich bestritten werden können, werden wir im zweiten Teil des Buches genauer betrachten. Auch dabei spielt die Beziehung eine maßgebliche Rolle. Doch nun wollen wir noch einmal genauer schauen, was es bedeutet, das automatische Lernen am

---

[11] Jesper Juul, zit. n.: Metzler, Gina Louisa (2019): *Kinder brauchen doch Regeln – oder?! Immer mehr Eltern weigern sich, ihre Kinder zu erziehen – die Antwort einer Mutter.* https://www.focus.de/familie/lernen/lernstoe-rungen/familie-immer-mehr-eltern-weigern-sich-ihre-kinder-zu-er-ziehen-experten-stimmen-ihnen-zu_id_10182106.html (Zugriff: 20.05.2019).

Modell einem bewussten Setzen von Grenzen und Regeln vorzuziehen.

Warum du Regeln abschaffen solltest

Es ist eine der größten Herausforderungen für mich als Erziehungscoach, aber auch als Hochschuldozent, Eltern, Erzieherinnen und Erziehern oder angehenden Sozialarbeiterinnen und Sozialarbeitern deutlich zu machen, dass ein festes Regelsystem nicht nur überflüssig, sondern hinderlich ist. Viel zu sehr sind wir seit Generationen davon geprägt, dass Kinder feste Regeln und Grenzen brauchen. Viele Eltern brüsten sich damit, dass sie zuhause ein Regelsystem zusammen mit ihren Kindern erstellt haben, weshalb es als demokratisch und gut betrachtet wird. Interessant dabei ist, dass ich noch nie Eltern im Coaching hatte, deren fest aufgeschriebene Regeln ihnen irgendwie bei ihren Problemen ernsthaft geholfen hätten. Deshalb plädiere ich dafür: Schafft feste Regeln ab!

Der erste Grund für meine Forderung ist folgender, der auf dem bisher Gesagten aufbaut: Kinder folgen normalerweise keinen abstrakten Normen. Ich habe noch nie ein Kind gesehen, das sagt: »Regel 3 ist meine Lieblingsregel. Und weil ich sie so liebe, deshalb beleidige ich meine Geschwister nicht mehr!« Nein, wenn Kinder es schaffen, zum Beispiel ruhig am Essen teilzunehmen oder die Geschwister nicht zu hauen, dann liegt das vor allem an einer guten Beziehung, die Eltern zu ihren Kindern haben. Durch sie sehen die Kinder, wie man mit

Konflikten friedlich umgeht, das Miteinander gestaltet und dem Gegenüber Wertschätzung entgegenbringt. Welche zusätzlichen Tricks es gibt, um die Nachahmung etwas zu beschleunigen, sehen wir im zweiten Teil des Buches. Doch wird der dauerhafte Erfolg wieder vor allem durch eine Sache geschaffen: Lernen am Modell.

Aber schließen sich feste Regeln und Vorbildsein wirklich aus? Könnten bestimmte Werte nicht vorgelebt und mittels offiziell festgelegter Regeln bekräftigt werden? Das gelingt nur, wenn beide Eltern in ihrem Denken, Fühlen und Handeln identisch sind. Doch in der Regel sind auch noch so harmonische Paare niemals in allen Punkten derselben Ansicht oder haben identische Werte. Da eine erfolgreiche Erziehung authentische Eltern braucht, die ihren Kindern zeigen, dass ihr Handeln mit ihren Werten, Einstellungen, Emotionen übereinstimmt, um als Vorbild überzeugend zu sein, darf die individuelle Persönlichkeit nicht in ein Korsett gezwängt werden. Sobald es aber feste, einheitliche Regeln gibt und diese nicht vollständig beiden Elternteilen entsprechen, verdecken jene dann ein authentisches Handeln. Diese Regeln stehen als Instanz und Taktgeber über der Individualität des einzelnen Elternteils und zwingen ihn zu unauthentischen Verhaltensweisen. Wenn es für einen Elternteil okay ist, dass die Geschwister auch nach 20 Uhr noch leise im Bett quatschen, es aber die offizielle Regel ist, dass das nicht erlaubt ist – weil der andere Elternteil es nicht möchte –, dann muss der erste Elternteil etwas einfordern, wohinter er eigentlich nicht steht. Die Kinder haben es in diesem Falle nicht mehr mit einer Person, die authentische Entscheidungen trifft – und damit persönliche Autorität erlangt –, zu tun, sondern mit autoritären, unverrückbaren Vorgaben.

Diesen Gedanken beschreibt auch Jesper Juul und führt uns dadurch zum zweiten Grund, weshalb feste Regeln abgeschafft werden sollten: Der Mangel an persönlicher Autorität ist für Juul die Ursache dafür, dass Erwachsene meinen, Kinder bräuchten Grenzen – wobei er Grenzen als Synonym für Regeln versteht. Das heißt, das Aufstellen von Regeln ist nichts, was Kinder brauchen, sondern etwas, auf das Erwachsene zurückgreifen müssen, wenn es ihnen an natürlicher Autorität fehlt. Kurz und prägnant bedeutet das: Feste Regeln dienen Erwachsenen, nicht Kindern. Denn ohne die persönliche Autorität müssen die Eltern auf autoritäre Macht zurückgreifen, also Druck ausüben (drohen oder strafen) – und dies braucht immer ein System von Regeln, das die Grundlage bildet. Letztendlich schützen Erwachsene dadurch nur ihre eigene Macht.

Ein dritter Grund ist folgender: In Coachinggesprächen klagen Eltern regelmäßig darüber, dass ihr Kind zuhause störende Verhaltensweisen zeigt. Manche Kinder sind frech, andere schreien und springen wild herum und wieder andere bekommen regelmäßig Wutanfälle. Was die Eltern aber besonders wundert, ist die Tatsache, dass dasselbe Kind in der Kita oder Schule völlig unauffällig und äußerst zurückhaltend ist. Warum nur ist es zuhause so ungezogen? Was auch immer der Grund dafür sein mag, die Eltern wollen, dass sich das Verhalten im eigenen Heim ändert. Auch wenn ich nachvollziehen kann, dass die Situation belastend ist, plädiere ich an dieser Stelle immer dafür, das Verhalten als etwas Positives zu sehen. Denn offensichtlich scheint sich das Kind daheim wohlzufühlen und sich gegenüber den Eltern zu trauen, wild zu sein. In der Kita oder Schule hingegen fühlt sich das Kind vielleicht nicht so wohl. Vermutlich befürchtet es bei entsprechend lebendigem Verhalten Ärger oder es ist ihm unangenehm gegenüber den anderen Kindern. Gerade bei sanktionsdrohenden Regelsystemen verstecken sich Kinder lieber. Das mag für die jeweilige Institution wünschenswert sein. Doch für das Kind ist es sicher unangenehm. Zuhause nun kann das Kind sein eigentliches Naturell ausleben, anscheinend ohne Angst vor pädagogischen oder sozial-ächtenden Folgen. Dieses Verhalten ist also ein Kompliment an die Eltern und eine Hommage an die Eltern-Kind-Beziehung. Was aber sagt dieser veränderte Blick auf das kindliche Verhalten über den Einsatz von festen Regeln? Würden Eltern zuhause ebenfalls ein rigides Regelsystem einsetzen, das beispielsweise lautes Toben, freche Redeweisen oder Ausraster sanktioniert – denn dazu sind Regeln doch da –, dann würde dies wahrscheinlich die kindliche Wildheit tatsächlich unterdrücken. Doch um welchen Preis? Natürlich möchten Eltern zuhause gerne etwas mehr Ruhe, keine Beleidigungen und möglichst wenige Tobsuchtsanfälle. Aber wenn diese starken Emotionen nun einmal im Kind vorhanden sind, wo soll es diese denn zeigen, wenn nicht gegenüber seinen engsten Bezugspersonen? Eine Erziehung, die beispielsweise Wutausbrüche verbietet, indem sie mit Strafe droht, lässt das Kind mit seiner Wut allein. Gerade weil das Kind gegenüber den Erziehern oder Lehrerinnen zurückhaltend ist, zeigt es ja, dass es zu diesen keine solche vertrauensvolle Beziehung hat. Wenn das Kind nun auch zuhause kontrolliert und begrenzt wird, dann tritt etwas zwischen seine vertrautesten Menschen und es selbst: eine Regel. Sie stört das enge Miteinander, weil sie verhindert, dass das Kind den Eltern seine Gefühle anvertraut. Darunter leidet die Beziehung. Das bedeutet natürlich nicht, dass jegliches freche Verhalten hinzunehmen ist oder jedes Toben ausufern darf. Aber es sollte nicht jedem ungewollten Verhalten einfach mittels einer unpersönlichen Regel ein Riegel vorgeschoben werden. Ein solches Benehmen ist ohne Frage herausfordernd, doch es kann beziehungsfördernd gemeistert werden. Wie das funktionieren kann, sehen wir später. An dieser Stelle sei nur gesagt: Regeln entzweien und entpersonalisieren häufig – das kann dauerhaft nicht gut sein.

Diese drei Gründe sollen genügen, um zu zeigen, dass feste Regeln nicht nötig bzw. sogar hinderlich sind, um Kinder zu erziehen – und deshalb abgeschafft werden sollten.

Wer ist dein Vorbild?

Als der polnische Kinderarzt Janusz Korczak am –
vermutlich – 7. August 1942 in den Gaskammern des
Vernichtungslagers Treblinka getötet wurde, war er einer
von vielen. Und doch war er jemand ganz Besonderes.
Denn anders als die Menschen, die mit ihm ermordet
wurden, ging Janusz Korczak freiwillig in den Todes-
raum. Dabei war er alles andere als lebensmüde. Er war
Leiter des nach seinen Plänen 1912 neu errichteten Wai-
senhauses *Dom Sierot*, das Ende 1940 ins Warschauer
Ghetto umziehen musste. Die 200 Kinder, alle maximal
14 Jahre alt, wurden im August 1942 im Rahmen der *End-
lösung der Judenfrage* zum Abtransport nach Treblinka ge-
holt. Korczak selbst hätte sich retten können, bestand
aber darauf, die 200 Kinder nicht im Stich zu lassen. Obwohl ihm bewusst war, dass dies sein Todesurteil bedeu-
tete, begleitete er zusammen mit seiner Mitarbeiterin Ste-
fania Wilczynska die Kinder.

Janusz Korczak fasziniert! Er fasziniert viele Menschen und er fasziniert mich. In meinem Leben gibt es
einige Personen, die mich geprägt haben und einige, die
mich explizit pädagogisch geprägt haben. Janusz Korczak
gehört dazu. Ja, er ist eines meiner wichtigsten pädagogischen Vorbilder. Dass dies so ist, liegt nicht allein an der
eingangs beschriebenen Tat, sondern vielmehr an seiner
pädagogischen Haltung, die sein eben beschriebenes
Ende nur zur logischen und wie selbstverständlichen
Folge hatte.

Bevor ich diese Haltung etwas genauer beschreibe, möchte ich dich bitten, eine kleine Aufgabe zu erfüllen: Überlege dir zuerst doch bitte einmal, welche Person dich am meisten hinsichtlich *Erziehung* positiv geprägt hat. Sie kann mit dir verwandt oder befreundet sein; genauso gut kann es eine dir nur bekannte Person sein, wie zum Beispiel eine Lehrerin oder ein Lehrer, ein Trainer oder eine Trainerin; aber es kann sich auch um eine dir nicht persönlich bekannte Person handeln, wie beispielsweise eine Autorin oder ein Autor oder ein Redner oder eine Rednerin. Wer hat dich in deinem erzieherischen Denken und Handeln am nachhaltigsten zum Guten geprägt?

Wenn du dein Vorbild persönlich kennst, dann frage dich nun: Wie war unsere Beziehung zueinander? Wovon war sie geprägt? Und wodurch ist sie so gut geworden?

Wenn du dein Vorbild nicht persönlich kennst und ihr demnach auch keine direkte Beziehung habt, dann frage dich: Was macht diese Person zu deinem »pädagogischen Vorbild«? Welche Haltung hat die Person? Was fasziniert dich an ihr?

Da Vorbilder etwas sind, an dem wir uns bewusst und unbewusst orientieren, ist es sehr naheliegend, dass sich vieles von dem, was du für dich in Bezug auf Erziehung als gut empfindest, auch bei deinem Vorbild findet. Ist dem nicht so, stellt sich die Frage, ob die von dir gerade eben gewählte Person wirklich die positiv prägendste in Sachen *Erziehung* war. Hast du aber tatsächlich dein Vorbild gefunden, kannst du dich an ihm orientieren, wenn du vielleicht noch nicht ganz genau weißt, wie du konkret erziehen möchtest.

Ich möchte noch einmal auf mein Vorbild zurückkommen. Obwohl eine solche Hingabe, wie Korczak sie mit seinem Gang ins Konzentrationslager gezeigt hat, das Höchste ist, was ein Mensch für einen anderen tun kann, ist es bei Korczak nur der Gipfel einer menschlichen und pädagogischen Haltung, die in vielfältiger Weise in seinem gesamten Schaffen deutlich wird. Korczak lebte und arbeitete mit Kindern immer zu deren Vorteil.

Eine solche Grundhaltung tut vor allem eins: sie denkt vom Kinde her, sucht sein Bestes und lässt das Kind wirklich so sein, wie es ist. Dass dies zu einer lebenslang intakten Beziehung führt, ist sehr wahrscheinlich. Einer solchen Haltung stimmen grundsätzlich viele Eltern auch in Coachinggesprächen zu. Umso erstaunlicher ist dann aber, wenn man den Erziehungsalltag betrachtet. Da werden Regelsysteme erarbeitet, Verhaltenskodizes aufgestellt und Redebeiträge reguliert. All dies macht doch deutlich, dass das Kind eben gerade nicht sein darf, wie es ist, sondern sich immer wieder anpassen muss. Überspitzt ausgedrückt könnte man unterstellen, die Eltern hätten die Haltung: »Du darfst so sein, wie du bist … wenn du nicht zu laut, zu wild, zu aggressiv oder zu rebellisch bist.« Das bedeutet aber nicht, ein Kind anzunehmen, wie es ist!

Ein Kind anzunehmen, wie es ist, heißt in der Konsequenz nicht, auf Korrekturen, Kritik, Ermahnung oder – allgemein – Erziehung zu verzichten. Doch eine solche

Haltung vermittelt immer, dass das Kind bedingungslos geliebt ist – ganz gleich, was es tut. Denn es geht, um mit der Abwandlung eines Buchtitels Korczaks zu sprechen, genau darum: Wir müssen die Kinder lieben! Liebe ist selbstlos, opfert sich auf und dient dem anderen. Das heißt, wir lieben unser Kind, einfach weil es wertvoll ist und nicht, weil es sich unser Wohlwollen verdient hat. Wir gehen in Vorleistung, wir lieben zuerst, wir tragen das Risiko, eventuell viel Ablehnung zurückzubekommen! Es geht nicht um uns, sondern um das Kind.

Liebe gibt sich vollends hin ohne Gegenleistung. Wer solch eine bedingungslose Liebe in seinem Leben erfahren hat, weiß, wie wichtig sie ist. Das heißt nicht, dass eine solche Liebe frei von Fehlern ist oder sein muss – aber sie bedarf einer grundsätzlichen Haltung, dass das Kind – egal, was es macht – angenommen ist. Mit einer solchen bedingungslosen Liebe (wozu auch gehört, es in die Freiheit zu entlassen!), ist es fast unmöglich, nicht eine lebenslange Beziehung zu bekommen.

Wenn der bekannte Pädagoge Friedrich Fröbel sagt: »Erziehung ist Beispiel und Liebe – sonst nichts«, dann muss nur noch ergänzt werden, dass diese auf einen Marathon und nicht auf einen Sprint ausgelegt ist.

Ding Nummer 2:
Schaffe Win-Win-Lösungen

»Ich will das selbst machen!«

Stell dir einmal vor, du bist in einer fremden Stadt und hast zwei Probleme: 1. Du hast es eilig. Du musst auf dem schnellsten Wege zum Bahnhof, um deinen Zug nach Hause zu bekommen, allerdings bist du noch zehn Bus-Stationen davon entfernt. Laufen bringt dir nichts. 2. Du hast kein Geld. Dummerweise hast du dein Portemonnaie vergessen und keinen Cent bei dir. In den Bus kommst du aber nur mit einem Ticket.

In dieser misslichen Lage bleibt dir wohl nichts anderes übrig, als so schnell wie möglich Menschen zu bitten, dir Geld zu geben. Wie kannst du das am effektivsten tun?

Französische Forscherinnen und Forscher[14] wollten genau dies herausfinden: Was kann man tun, um möglichst viel Geld von fremden Personen für ein Busticket zu erschnorren? Was sie herausfanden, war sensationell: Durch einen kleinen sprachlichen Trick konnten sie Menschen dazu bringen, ihnen doppelt so viel Geld zu geben, wie es einer Vergleichsgruppe ohne diesen verbalen Kniff gelang. Doch half dieser Trick nicht nur, wenn es um das Eintreiben von Geld für ein Busticket ging — auch Spendengelder oder die Bereitschaft, an Befragungen teilzunehmen, ließen sich dadurch steigern.

Doch worin besteht der Trick? Am Ende der jeweiligen Bitte fügten die Wissenschaftlerinnen und Wissen-

---

[14] Eyal, Nir (2017): Hooked. Wie Sie Produkte erschaffen, die süchtig machen. 3. Auflage. München: Redline Verlag. S. 114-115.

schaftler einen Zusatz der Freiwilligkeit an: »Aber es steht Ihnen natürlich frei, ob Sie zustimmen oder ablehnen.«

Das soll alles sein? Ja! Dieser Zusatz führte tatsächlich zu signifikant besseren Ergebnissen. Warum ist eine solche Ergänzung so wirksam? Durch sie bekamen die angefragten Menschen das Gefühl, weiterhin autonom zu sein und zu nichts gezwungen zu werden. Sie hatten das Gefühl, frei aus sich selbst heraus zu entscheiden. Sie fühlten sich schlichtweg nicht zu einer Spende oder zur Teilnahme an einer Befragung gezwungen, sondern konnten vermeintlich frei wählen.

Auch wenn es in diesem Buch nicht um das effektive Eintreiben von Spendengeldern geht, so zeigen diese Ergebnisse: Menschen lieben es, frei zu sein und frei zu entscheiden. Dies gilt für Jung und Alt! Sowohl wir selbst als auch unsere Kinder mögen es in der Regel nicht, eingeengt zu werden. Jegliche Vorgaben aber, ob nun die Aufforderung »Geh jetzt ins Bett!« oder die Ansage »Nein, du bekommst noch kein Handy«, führen genau dazu: sie legen etwas fest und lassen keinen Raum für Autonomie.

Warum handeln Eltern häufig auf diese Weise? Warum glauben sie, dass klare Ansagen effektiver sind als Autonomie? Ich vermute, der Grund liegt in einem zu engen Blickfeld. Viele Eltern sehen nämlich nur ein Entweder-Oder: Entweder sie bestimmen, was zu tun ist und nehmen damit ihren Kindern die Autonomie oder sie lassen die Kinder wählen und haben selbst keine Kontrolle mehr. Doch die Ergebnisse der anfangs beschriebenen Studie deutet ja gerade auf das Gegenteil hin: Es geht um ein Sowohl-als-Auch! Kindern das Gefühl von Autonomie zu geben, führt dazu, dass die eigenen Wünsche leichter erfüllt werden. Somit haben sowohl die Kinder ihren freien Willen bekommen als auch die Eltern den ihren.

Doch wie soll das funktionieren? Vielleicht fällt dir sofort der gestrige Kampf beim Zähneputzen ein, der alle Beteiligten alles andere als glücklich gemacht hat. Ganz offensichtlich gibt es dabei nur ein Entweder-Oder: Entweder werden die Zähne geputzt und die Eltern sind zufrieden (das Kind hingegen wurde gezwungen) oder sie werden nicht geputzt und das Kind ist zufrieden (die Eltern hingegen frustriert). Es kann nur einer glücklich werden – dass es beide sind, scheint rational nicht möglich. Gibt es hierfür wirklich ein Sowohl-als-Auch, bei dem sowohl die Erwachsenen zufrieden sind, *weil* die Zähne geputzt wurden, als auch das Kind, *obwohl* die leidliche Prozedur stattfand?

Ich nehme an, du gibst mir Recht, wenn ich behaupte: Ein Kind zu etwas zu bringen, was es im Grunde selbst möchte, ist einfach. Wenn dein Kind freiwillig Zähne putzen möchte, von sich aus eine Jacke wählt, die du gut findest, und darauf besteht, jetzt Hausaufgaben zu machen – dann ist Erziehung kein Problem. Und genau um diesen paradiesischen Zustand geht es. Im zweiten Teil des Buches möchte ich dir zeigen, wie auch du mehr solche Situationen mit deinem Kind erleben wirst.

Das Ideal von Erziehung

Viele Eltern gehen mit dem Grundsatz an Erziehung: das Kind muss gehorchen. Kommt es dann zu Widersprüchen oder Protest der Kinder, wird der Druck seitens der Eltern einfach erhöht. Sie werden lauter, drohen Strafen oder härtere Strafen an oder sanktionieren direkt. Da die Erwachsenen häufig am längeren Hebel sitzen, bekommen sie irgendwann ihren Willen. Doch zu welchem Preis? Der »Erfolg« kostet die kindliche Autonomie. Das heißt, der kindliche Protest wird gebrochen und die Interessen der Kinder ignoriert – das Kind wird in eine Ohnmachtsstellung gebracht.

Wenn wir aber die Ergebnisse der anfänglichen Studie nehmen – und es gibt weit mehr Gründe und Quellen, die ein solches Vorgehen unbedingt empfehlen –, dann ist klar, dass dieses Ohnmächtigmachen genau der falsche Weg ist. Der richtige und erfolgversprechende Ansatz hingegen lautet: Kinder müssen Dinge freiwillig tun!

Doch das ist nur die eine Seite der Medaille. Wenn du deinem dreijährigen Kind beispielsweise immer erlauben würdest, ins Bett zu gehen, wann es möchte, dann wäre das nicht nur für dein Kind auf Dauer schädlich, sondern auch du selbst würdest wahrscheinlich leiden, weil du zu wenig Zeit für dich hättest. Nein, es soll nicht darum gehen, keine Vorgaben mehr zu machen. Denn dann würde Autonomie mit Beliebigkeit gleichgesetzt werden. Vielmehr geht es um geführte Freiwilligkeit. Ein beliebtes Mittel, um diese zu erreichen, ist der Einsatz eines Belohnungssystem. Wenn du deinem fünfjährigen Kind beispielsweise jeden Abend versprichst, dass es ein Spielzeug bekommt, wenn es schön Zähne putzt, dann würde das vermutlich dazu führen, dass die Zahnpflege wunderbar funktioniert. Allerdings wärst du selbst dann aber immer frustrierter, ärmer und deine Wohnung zugemüllter. Bei Erziehung geht es also weder darum, den kindlichen Willen zu brechen noch darum, ihn bis zur eigenen Selbstaufgabe bedingungslos zu erfüllen.

Vielmehr geht es darum, den Erziehungsalltag so zu gestalten, dass sowohl Eltern als auch Kinder glücklich sind. Es geht darum, Win-Win-Situationen zu schaffen. Die etwas provokante Frage, die das Ziel jeglicher Erziehung beschreibt, lässt sich wie folgt formulieren: Wie kann ich mein Kind *freiwillig* zu dem bewegen, was *ich* möchte?

In dieser Frage stecken beide Aspekte: deine Wünsche und die freiwillige Bereitschaft deines Kindes. Es geht darum – und das ist deine Aufgabe, nicht die deines Kindes! –, dein Kind ins Boot zu holen und dich dabei selbst nicht zu vergessen.

Warum Strafen, Belohnungen und Konsequenzen nicht ratsam sind

Ich stelle einmal eine These auf: Wenn man 100 Leute fragen würde, welche Begriffe ihnen zum Thema *Erziehung* einfallen, würden bei den Topantworten folgende Wörter nicht fehlen: *Strafen* und *Belohnungen*. Es scheint wie ein ungeschriebenes Gesetz zu sein, dass Strafen und Belohnungen zu Erziehung gehören wie Geschenke zu Weihnachten. Und genau genommen scheint es auch einfach logisch zu sein, dass gewisse Verhaltensweisen

Konsequenzen nach sich ziehen: »Wenn du mich anschreist, dann kriegst du keine Süßigkeiten.«

Genau, wie falsches Verhalten Strafen nach sich zieht, scheint auch der Umgang mit positiven Verhaltensweisen klar: »*Weil* du dein Zimmer so schön aufgeräumt hast, bekommst du nun Schokolade« oder »*Wenn* du dein Zimmer schön aufräumst, *dann* bekommst du danach Schokolade.«

Nicht nur, dass es das Normalste der Welt zu sein scheint, dass diese Methoden Teil von Erziehung sind, auch führen gerade Belohnungen anscheinend zur eben beschriebenen Win-Win-Situation: Kinder machen freiwillig die Dinge, die Erwachsene wollen, wenn sie eine reizvolle Belohnung in Aussicht gestellt bekommen. »Putz schön deine Zähne, dann lese ich dir eine Gute-Nacht-Geschichte vor« – ohne große Kosten sind alle glücklich. Sind Belohnungen nun also die Lösung für die Herausforderung von Erziehung? Nein, natürlich nicht, wie du sicherlich aus eigener Erfahrung weißt! Denn es gibt mindestens drei Gründe, warum Belohnungen als Erziehungsmethode mittel- bis langfristig weder erfolgreich noch gut für Kinder sind.

1. Der bereits bekannte und naheliegendste Grund: Belohnungen kontrollieren Kinder. Einen Anreiz für ein erwünschtes Verhalten zu geben, ist gelegentlich eine wirklich effektive Methode. Wenn du willst, dass dein Kind beim Oma-Besuch die rote Strickjacke anzieht, dann hilft es garantiert, wenn du dafür ein neues Spielzeug in Aussicht

stellst. Doch was ist mit immer wiederkehrenden, regelmäßigen Themen? Gerade beispielsweise beim Zähneputzen möchte man langfristige Erfolge erzielen. Denn die eigentliche Problematik besteht ja genau darin, jeden Morgen und Abend wieder neu diskutieren zu müssen. Ginge es allein darum, einmalig oder vielleicht einmal pro Monat das Kind dazu zu bewegen, wäre der Einsatz von Belohnungen äußerst effektiv. Doch sollen täglich die Zähne geputzt werden – mindestens zweimal! Möchte man nun das Verhalten durch ansprechende Anreize herbeiführen, kommt eventuell beim Kind folgende Botschaft an: *Wenn das Zähneputzen als Voraussetzung herhalten muss, damit ich die Gute-Nacht-Geschichte bekomme, dann kann sein Wert ja nicht so groß sein.* Wenn man das Kind also für das Reinigen seiner Zähne bestechen muss, erscheint es ihm noch weniger wertvoll als sowieso schon. Die Belohnungen stellen das erwünschte Verhalten in ein negatives Licht, wirken als zwingend und beschneiden somit das Autonomiebedürfnis des Kindes. Es kommt zu negativen Konsequenzen. Für stetig wiederkehrende Aufgaben brauchen wir also Alternativen zu Belohnungen, die nachhaltig wirksam sind.

2. Es hat auch pädagogische Gründe, weshalb Belohnungen dauerhaft nicht funktionieren können. Wenn du beispielsweise das tägliche Zähneputzen mit der Aussicht auf eine Gute-Nacht-Geschichte

anregst, dann ist dies sicherlich kurzfristig äußerst wirksam. Wenn der Wunsch nach der Einschlafhilfe beim Kind vorhanden ist, so wird es die leidliche Zähneputzprozedur aufgrund dessen ertragen. Doch was ist an Abenden, an denen du keine Zeit für eine Geschichte hast? Und was ist, wenn deine Kinder älter werden und keine Lust mehr auf Geschichten haben? Die Belohnung wird nur so lange reizvoll sein, wie sie attraktiv genug ist. Sobald sie ihren Reiz verliert, wird auch das damit geköderte Verhalten wegfallen. Die Reaktion, die durch die Belohnung verstärkt wurde, wird langsam »gelöscht«. Bauen wir also ein Erziehungssystem auf, das in bestimmten Situationen allein mit Belohnungen arbeitet, ist von Anfang an ein Scheitern vorprogrammiert. Denn irgendwann ist eine Grenze für Belohnungen erreicht — sei es, weil Interessen verschwinden oder weil die Belohnungen den Finanzrahmen sprengen. An dieser Stelle ist die pädagogische Wirksamkeit von Belohnungen beendet. Dann dauert es vermutlich nicht lange, bis das Verhalten wieder so gesteuert wird, wie es normalerweise immer gesteuert wird: von innen, nicht von außen — sprich, das unbeliebte Verhalten wird möglichst unterlassen.

3. Ein dritter Grund, der gegen Erziehung mit Belohnungen spricht, liegt in der Frage des Menschenbilds. Das schreiende Kind im Zug, der Störenfried im Wartezimmer oder auch das

ungeduldige Kind im Supermarkt – die Liste der Situationen, in denen Kinder uns ins Schwitzen bringen, ist lang. In solchen Momenten fällt es schwer, rationale Entscheidungen zu treffen. Hier geht es eher darum, möglichst schnell eine funktionierende Lösung zu finden. Und diese Lösung hat immer das Ziel, dass das Kind sofort mit dem aufhört, was es gerade macht. Solche Situationen schreien förmlich danach, Belohnungen als Bestechung zu benutzen, da diese genau das können: eine schnelle und freiwillige Verhaltensänderung beim Kind bewirken. Was in solchen Momenten passiert, ist, dass wir dem Kind einen Handel anbieten: *Wenn du damit aufhörst, bekommst du (später) das und das.* Stell dir einmal vor, du würdest so mit deinem Partner bzw. deiner Partnerin umgehen. Fändest du das nicht ungewöhnlich, wie folgt zu feilschen: »Ok, du möchtest nicht das Bad putzen – wenn du es trotzdem machst, dann darfst du dafür später den Fernseher benutzen.« Gegenüber unseren Kindern aber arbeiten wir ständig mit solchen Deals. Warum eigentlich?

Auch wenn sie es nicht zugeben würden, scheinen viele Eltern anzunehmen, dass die Kinder das unerwünschte Verhalten zeigen, um die Erwachsenen auf sadistische Art zu provozieren, zu ärgern oder zur Verzweiflung zu bringen. Doch kein Kind ist so böse! Nein, wie wir gesehen haben, besteht aufgrund des Hormonhaushaltes eine natürliche Bindung zwischen Kindern und Eltern. Das heißt, Kinder wollen weder ihren Eltern noch der Beziehung zu diesen schaden. Doch was soll uns dann schlechtes Verhalten sagen? Wir können annehmen, dass Kinder mit ihrem Verhalten immer etwas ausdrücken möchten. Was uns als schlechtes Benehmen erscheint, ist dann häufig nur der Tatsache geschuldet, dass sie ihre Botschaft nicht so ausdrücken können, dass sie Erwachsene verstehen. Kinder wählen deshalb möglicherweise Methoden, die zumindest deine Aufmerksamkeit sicherstellen. In diesem Sinne ist das unangepasste Verhalten des Kindes vielleicht eine Art Hilferuf: »Mir geht es nicht gut!«, »Ich verstehe nicht, was du von mir erwartest!«, »Ich brauche etwas anderes, als du mir zur Zeit gibst!«

Sollte dieses Bild stimmen – und diesen Schluss kann man aufgrund von neurowissenschaftlichen Erkenntnissen ziehen –, dann machen wir mit dem ständigen Einsatz von beruhigenden Belohnungen einen groben Fehler. Denn dann ignorieren wir die Hilfeschreie, indem wir das kindliche Verhalten durch Belohnungen (oder Bestrafungen, wie wir gleich sehen werden) steuern. Damit werden wir dem Kind nicht gerecht und machen es uns zu einfach. Denn dann müssen wir nicht mehr genau hinhören und nicht mehr nach Gründen für das Verhalten suchen. Wir steuern einfach! Noch einmal: Das Kind hat aber seine Gründe, nicht stillsitzen zu wollen oder zu quengeln. Vielleicht tut ihm etwas weh oder es kann aus rein biologischen Gründen seine Impulse noch nicht kontrollieren.

Was das Kind in einer solchen Situation braucht, ist, dass du mit ihm redest. Hilf ihm auszudrücken, was es sagen möchte. Formuliere für das Kind die Worte und Gefühle, so dass dein Kind nur bestätigen oder abzulehnen braucht. Dadurch stoppst du nicht nur das unliebsame Benehmen, du zeigst deinem Kind zugleich, dass du es wahr- und ernstnimmst und hilfst ihm, sich selbst besser zu verstehen, um sich zukünftig anders auszudrücken. Statt also einem bockigen Kind vorwurfsvoll zu sagen, es soll sich endlich zusammenreißen, wäre es ratsam, es in den Arm zu nehmen und es zu fragen: »Du hattest einen doofen Tag, oder? Willst du mir erzählen, was passiert ist?« Wenn es dazu nichts sagen möchte, kannst du auch lösungsorientierter fragen: »Was könnten wir denn machen, damit es dir besser geht?« oder »Was könnten wir tun, damit es doch noch ein richtig schöner Tag wird?« Wenn dein Kind auch dazu nichts zu sagen weiß, könntest du konkrete Vorschläge bringen, die wiederum nicht als Bestechung wirken dürfen: »Würde es dir besser gehen, wenn wir eine Runde toben?« oder »Sollen wir etwas Verrücktes machen, damit du fröhlicher bist?« Mit solchen ruhigen Fragen zeigst du deinem Kind, dass du es siehst, seine Bedürfnisse ernstnimmst und ihm helfen willst, dass es ihm besser geht. Das ist viel wertschätzender und nachhaltiger, als einfach Schokolade zum Trost zu verteilen.

Belohnungen sind also dauerhaft kein gutes Erziehungsmittel, weil sie die Autonomie von Kindern beschränken, irgendwann nicht mehr reizvoll sind und die eigentlichen kindlichen Bedürfnisse ignorieren. Mehr noch als Belohnungen sind Strafen in Sachen Erziehung gang und gäbe. Natürlich reden wir nicht mehr von körperlichen Strafen. Doch scheint es die normalste Sache der Welt zu sein, Kindern beizubringen, dass gewisse Verhaltensweisen zwangsläufig zu gewissen Folgen führen. »Wenn du dein Essen nicht aufisst, gibt es keinen Nachtisch«, »Wer seinen kleinen Bruder haut, darf nicht ins Schwimmbad«, »Weil du frech zu mir warst, hast du Hausarrest« – die Liste ließe sich beliebig fortsetzen.

Aufgrund der letzten Absätze dürfte dir klar sein, dass solche Bestrafungen aus mindestens einem Grund genauso wenig erfolgsversprechend sind wie Belohnungen: Sie untergraben die kindliche Autonomie. Nun könntest du aber einwenden: »Oft fördert man doch gerade die kindliche Selbstständigkeit, indem man den Kleinen eine Wahl lässt: aufessen oder keinen Nachtisch?«

Nein, das ist keine freie Wahl! Das Bedürfnis nach einem Nachtisch ist bei Kindern oft irrational groß, weshalb es keine faire Entscheidung ist und deshalb von Kindern auch eher als Erpressung – und somit gewalthaltig – wahrgenommen wird. Immer wenn es um Alternativen geht, die im Grunde nicht wirklich gleichwertig sind, fühlen sich Kinder unfrei.

Nun mag das Autonomie-Argument einen langfristigen Einsatz von Belohnungen hinfällig machen. Doch sind Strafen ja noch einmal etwas anderes. Gerade Eltern und Großeltern wissen doch oft davon zu berichten, wie hilfreich eine Tracht Prügel oder eiserne Konsequenz früher waren und wie schädlich das »verweichlichte Erziehen« heutzutage ist. Kann es nicht also sein, dass Strafen tatsächlich ein dauerhaft wirksames Erziehungsmittel sind?

Strafen sind kurzfristig wirksam, wenn sie nur hart genug sind – das dürfte außer Frage stehen. »Entweder du räumst dein Zimmer auf oder du siehst dein Handy vier Wochen nicht wieder« – das gewünschte Verhalten wird nicht lange auf sich warten lassen. Anders als bei Belohnungen wird dies auch über einen längeren Zeitraum wirken. Wenn Kinder beispielsweise vor ihren Lehrerinnen und Lehrern oder Erzieherinnen und Erziehern Angst haben, dann werden sie sich gut benehmen und machen, was diese sagen.

Doch auch hierbei müssen wir uns wieder fragen, welches Ziel wir verfolgen: Sollen die Strafen allein Eltern in einer bestimmten Situation Ruhe verschaffen oder steht vielmehr die Absicht dahinter, dass das Kind etwas fürs Leben lernt? Der erste Grund ist unfair, es handelt sich um einen reinen Machtmissbrauch. Der zweite Grund ist verkehrt. Denn auf lange Sicht wird ein unerwünschtes Verhalten durch Strafen nicht beseitigt. Es ist ja nur nachvollziehbar, dass ein durch Strafen bewirktes bzw. unterdrücktes Verhalten nicht deshalb geändert wird, weil das Kind einsichtig ist, sondern allein deshalb, weil es Angst vor den Konsequenzen hat. Angst aber wirkt im kindlichen Gehirn wie eine Barrikade, die neues Wissen blockiert. Demnach ist es zum einen logisch, dass das unliebsame Verhalten nur so lange unterdrückt bleibt (bzw.

das gewünschte Verhalten gezeigt wird), wie die Eltern anwesend sind oder sich das Kind bedroht fühlt. Spielt der elterliche Einfluss keine bedeutsame Rolle mehr oder sind die Eltern außer Reichweite, wird das vermeintlich verschwundene Verhalten wieder auftauchen. Nun aber wird das Verhalten wahrscheinlich nicht einfach nur wieder getan bzw. unterlassen wie vorher auch, sondern ist dabei noch angstbesetzt. Das heißt, die Strafe der Erwachsenen führt nicht nur *nicht* zu einer Verhaltensänderung, sondern tut dem Kind zusätzlich nicht gut. Das können keine Ziele von guter Erziehung sein!

Strafen bewirken aus einem weiteren Grund nicht, dass das angestrebte Verhalten nachhaltig gelernt wird. Denn Kinder denken aufgrund von Strafen nicht über ihr Fehlverhalten nach, sondern lenken ihre Aufmerksamkeit vielmehr darauf, wie sie effektiver einer Bestrafung entgehen können. Das heißt, nicht das unerwünschte Verhalten wird geändert, sondern die Umsetzung dessen – dahingehend, dass die Eltern besser getäuscht werden. Ist dies nicht möglich, wird eine Strafe vor allem Wut beim Kind auslösen. Denn Kinder empfinden Sanktionen *immer* als ungerecht, ganz gleich, ob sie im Grunde wissen, dass sie etwas falsch gemacht haben. Der Neurowissenschaftler Gerhard Roth drückt dies wie folgt aus: »Ein Strafender ist immer irgendwie im Unrecht.«[16]

Statt sich also damit zu befassen, wie zukünftig ein sozial erwünschtes Verhalten gezeigt werden kann, befasst

---

16 Roth, Gerhard (2014): *Persönlichkeit, Entscheidung und Verhalten*. Stuttgart: Klett-Cotta Verlag. S. 230.

sich ein Kind häufig viel eher mit der Frage, wie es sich rächen kann – an den Eltern, an kleinen Geschwistern oder auch an Gegenständen. Denn letztendlich wirkt Strafe immer demotivierend, da das Kind an der unerwünschten Verhaltensweise nichts mehr ändern kann.

Um hingegen dauerhafte Veränderung zu erzielen, muss das Kind entweder interne Rechtfertigungsgründe finden (zum Beispiel indem es wirklich versteht und als gut befindet, warum etwas gemacht werden muss) oder ernsthafte Reue empfinden. Doch zum einen käme es einer Gehirnwäsche gleich, würde man diesen emotionalen Aufruhr bewusst beim Kind erzeugen wollen. Zum anderen ist es hirnphysiologisch erst frühestens mit sechs Jahren, eher aber deutlich später möglich, dass Menschen Reue, wie sie die meisten Erwachsenen kennen, empfinden.

Strafen, Drohungen, Zwang – all das erscheint nicht mehr zeitgemäß. Gerade wenn man junge und postmoderne Eltern befragt, gibt es einen breiten Konsens bezüglich der Ablehnung von Strafen. Dies kann man einfach überprüfen, indem man sich beispielsweise diverse Blogbeiträge im Internet zum besagten Thema ansieht. Diese Entwicklung ist zu begrüßen, da sie deutlich kinderfreundlicher ist.

Mit der Ablehnung von Strafen geht aber häufig eine andere Entwicklung parallel einher: Man spricht nun von *Konsequenzen*. Doch worin besteht der Unterschied? Und sind Konsequenzen eine gute Alternative zu Strafen?

Es ist nachvollziehbar, dass viele Eltern in einer inneren Zwickmühle sind: Auf der einen Seite steht ihre eigene althergebrachte Erfahrung, die sie gelehrt hat, dass Kinder Zucht und Ordnung, also Strafen, brauchen; auf der anderen Seite aber sind sie als postmoderne Eltern bemüht, das Kind keinen Strafen auszusetzen. Die Anwendung von *Konsequenzen* löst diese Spannung scheinbar auf. Dadurch können sie – etwas provokant formuliert – mit gutem Gewissen strafen. Denn nun ist es möglich, Kinder zu etwas zu zwingen, was den Eltern selbst sinnvoll erscheint und ihren Interessen entspricht, und dieses Vorgehen damit zu begründen, Kinder müssten lernen, dass auf ihre Taten *unausweichlich* stets eine Konsequenz folgt. Das heißt, das Ergebnis von Konsequenzen ist im Endeffekt ein ähnliches wie von Strafen, aber die beruhigende Rechtfertigung für die Eltern besteht darin, dass eine Konsequenz als unausweichlich interpretiert wird. Den Eltern sind in gewisser Weise die Hände gebunden, da die Folgen des falschen Verhaltens unumgänglich sind und in direktem Zusammenhang zur Tat stehen.

Natürlich sollten Strafen, wenn sie denn benutzt werden, aus pädagogischer Sicht einen inhaltlichen Bezug zur Tat haben. Folgt auf das Umwerfen eines Glases eine Woche Computer-Verbot, dann wird die Strafe als willkürlich empfunden – was niemals gut sein kann. Eine Konsequenz setzt genau hier an, indem sie so gewählt wird, dass es einen inneren Zusammenhang gibt. Wenn die Folge aus dem Umwerfen des Glases darin besteht, dass das Kind die Scherben selbst wegfegen muss und während dieses Essens nichts mehr zu trinken bekommt, dann gibt es einen Zusammenhang. Bei Konsequenzen geht es also nicht darum, das Kind schuldig zu sprechen, sondern es für sein eigenes Handeln in die Verantwortung zu nehmen, so dass es selbst Wiedergutmachung leisten kann – denn dies ist häufig ein Grundbedürfnis von Menschen. Genau das scheint die Rechtfertigung vieler Erwachsener zu sein, warum Konsequenzen legitim sind.

Trotz dieses pädagogischen Vorteils sind Konsequenzen nichts anderes als besser angewandte Strafen. Dies wird aber gerne von Eltern übersehen, aus dem schlichten Grund, dass sie Konsequenzen mit *natürlichen* Konsequenzen verwechseln. Natürliche Konsequenzen treten auch dann auf, wenn keine Erwachsenen präsent sind. Die beschriebene Situation mit dem umgeworfenen Glas mag inhaltlich konsequent sein, ist es aber in ihrer Durchführung nicht. Und genau das macht die Konsequenz zur Strafe: Die Eltern legen fest, welche Folge eine Tat hat. Es ist keine unausweichliche, natürliche Folge. Eine natürliche Konsequenz wäre es, wenn es im gesamten Haus nur ein Glas gäbe und dieses zerbräche oder wenn es tatsächlich nur noch eine Portion Saft gäbe, so dass weitere Getränke wirklich nicht verfügbar wären. Es dürfte deutlich werden, dass natürliche Konsequenzen eher selten auftreten.

Durch das Einmischen der Eltern ist eine Konsequenz automatisch keine natürliche Konsequenz mehr. Außerdem führt das Einmischen dazu, dass nicht auf die

Selbstbestimmung des Kindes Rücksicht genommen wird. Diese Verletzung der Autonomie ist bekanntlich einer der Hauptfaktoren, weshalb weder Belohnungen noch Strafen nachhaltig wirken. Das Kind ist dann nämlich weder in der Position, eigene Konsequenzen aus dem Erlebten zu ziehen, da ihm durch die Strafe eigene Überlegungen abgenommen werden, noch hat es Anreiz, selbst über das falsche Verhalten nachzudenken, da es nur um die Abarbeitung und das zukünftige Verhindern der Strafe geht.

Bei allen negativen Folgen von Konsequenzen darf nicht unerwähnt bleiben, dass sie als Methode gar nicht ihren Zweck erfüllen können. Denn Kinder *müssen* nicht lernen, Kinder *werden* lernen.[20] Wir haben es bereits besprochen, weshalb hier nur eine kurze Erinnerung angeführt werden soll: Kinder lernen, wenn wichtige Bezugspersonen Dinge vorleben und gegebenenfalls erklären. Ein *Lernen müssen* gibt es demnach gar nicht. Wenn Kinder bei Verhaltensweisen sehen können, wie es ihre Vorbilder machen, übernehmen sie diese bei entsprechender Beziehung wahrscheinlich automatisch irgendwann. Wenn Erwachsene aber selbst das gewünschte Verhalten nicht zeigen, dann brauchen sie es auch nicht von ihren Kindern einfordern. Deshalb sind Konsequenzen überflüssig.

---

20 Ich rede nicht von Lernstoff in der Schule, sondern von Verhaltensweisen im Alltag.

Ein Plädoyer für Führung

Im Sinne Jesper Juuls, der Belohnungen als postmoderne Form von Strafen kategorisiert, wurde deutlich, dass sich alle drei Erziehungsmittel (Belohnungen, Strafen und Konsequenzen) im Grunde nicht essenziell voneinander unterscheiden. Der einzige Unterschied zwischen Strafen und Konsequenzen ist der Sinnzusammenhang zwischen Tun und Folge; der einzige Unterschied zwischen Belohnungen und Strafen ist, dass durch die Androhung von Strafen die Beziehung zwischen Eltern und Kind geschwächt wird. Das Kind spürt deutlicher die Anwendung von Macht seitens der Erwachsenen. Das heißt, obwohl Eltern diese Macht auch bei Belohnungen benutzen, nimmt sie das Kind bei Strafen anders wahr. Dieser Beziehungsaspekt ist einer der elementaren Faktoren für Erziehung, wie wir gesehen haben.

Oscar Wilde sagte einmal, dass Konsequenzen die letzte Zuflucht der Fantasielosen seien. Ob nun Konsequenzen oder Belohnungen oder Bestrafungen – es braucht für den dauerhaften Erfolg von Erziehung fantasievolle und kreative Alternativen. Und diese stehen immer unter einer Prämisse: Sie *führen* Kinder!

Erziehung, die sich an den Bedürfnissen von Kindern orientiert und diese nicht in eine Ohnmachtsstellung bringt, kann leicht das Label *antiautoritär* oder *laissez-faire* bekommen. Doch das eben Gesagte weist diesen Verdacht mit Vehemenz zurück. Kinder brauchen Führung. Sie dürfen nicht sich selbst überlassen werden. Aber sie brauchen dabei keine festen Regeln, Belohnungen,

Strafen oder Konsequenzen. Wir sollten mit persönlicher Autorität führen, nicht mit autoritärer Macht. *Persönliche Autorität* ist gleichzusetzen mit einer vertrauensvollen Beziehung, *autoritäre Macht* ist gleichzusetzen mit festen Regeln, Belohnungen, Strafen oder Konsequenzen.

Dies mag mittlerweile klar geworden sein. Doch beantwortet dieser Standpunkt im Grunde nur die Frage nach langfristigem Erziehungserfolg. Aber wie sollen die täglichen Konflikte gelöst werden, ohne Machtinstrumente? Anders gefragt: Wie schafft man Win-Win-Lösungen?

Methoden für Win-Win-Lösungen

Wenn wir davon ausgehen, dass der alles entscheidende Faktor beim Erfolg von Erziehung in der Beziehung liegt und diese dazu führt, dass das, was wir den Kindern vorleben, nachgeahmt wird, dann musst du dir folgende Frage unweigerlich – und äußerst regelmäßig – stellen: Lebe *ich* eigentlich ausreichend gut das vor, was ich mir von meinem Kind wünsche und habe ich genügend in unsere Beziehung investiert? Der Fokus liegt demnach vor allem auf dir selbst – wie wir im dritten Teil des Buches noch ausführlicher sehen werden.

Doch hilft dir diese Langfristigkeit natürlich überhaupt nicht, wenn es darum geht, aktuelle Herausforderungen zu meistern. Ja, vielleicht genügt dein vorbildliches Zähneputzen dreimal am Tag dafür, dass deine Kinder als Erwachsene selbst eine gute Zahnpflege betreiben werden – aber wie in aller Welt bringst du sie *heute* Abend dazu, sich ihre Beißerchen zu putzen? Hier reicht gutes Zureden auf der Beziehungsebene schlichtweg nicht aus.

Ob es nun brenzlige Situationen sind, in denen du beispielsweise rasch für Ruhe sorgen musst, oder alltägliche lästige Aufgaben wie Zähneputzen, die es zu bewerkstelligen gilt – manchmal braucht es schnell wirksame Methoden.

Allerdings soll bei aller Effektivität nicht unser stärkster Trumpf, die Beziehung, vergessen werden. Das heißt, die in diesem Kapitel beschriebenen Methoden, müssen folgenden Anspruch erfüllen: Das Kind soll *freiwillig* zu einer Verhaltensänderung bewegt werden und dabei die Beziehung zu den Eltern nicht beschädigt, sondern optimalerweise sogar gestärkt werden. Es geht um glückliche Eltern *und* glückliche Kinder – Win-Win-Situationen.

Dafür möchte ich dir im Folgenden ganz konkrete Lösungsansätze präsentieren. Diese werden aber nicht so beschrieben, dass sie dir nur dann helfen, wenn alles nach Drehbuch verläuft. Vielmehr geht es darum, dass du inspiriert wirst, eigene kreative und für dich passende Lösungen zu entwickeln, die den wirksamen Mechanismus der Methode beinhalten und dabei exakt zu dir und deiner Situation passen. Ich glaube fest daran, dass du dich nach diesem Kapitel gewappneter und sicherer fühlst, um die nächsten Konflikte positiv zu gestalten.

Es ist gut, eine bunte Palette an Erziehungsmethoden in petto zu haben. Vielleicht gibt es Situationen in deinem Erziehungsalltag, die immer wieder zu Konflikten führen. Wenn du darüber nachdenkst, musst du dir eventuell

eingestehen, dass diese Momente auch immer ähnlich ab-
laufen: Dein Kind möchte etwas nicht, du erklärst es ruhig, das Kind rennt weg, du wirst wütend und fängst an
zu schreien, das Kind weint, … Vielfältige Methoden im
Repertoire zu haben, ermöglicht es dir, Teufelskreise zu
durchbrechen. In der weiter unten beschriebenen lösungsfokussierten Kurztherapie begegnet man Teufels-
kreisen wie folgt: »Mach einfach einmal etwas ganz anders als sonst in so einer Situation. Irgendetwas. Ganz
egal, wie absurd oder peinlich es ist.« Wir werden darauf
im dritten Teil des Buches noch ausführlicher zurückkommen, aber an dieser Stelle sei schon einmal der Hinweis erlaubt: Wenn du dich anders verhältst, als es das
tägliche Drehbuch vorgibt, ist dein Kind gezwungen,
auch etwas anders zu machen. Wenn du dich beispielsweise jeden Abend mit deinem Kind auf eine Diskussion
über das Zu-Bett-Gehen einlässt und diese immer mit
Geschrei endet, dann ist es sinnvoll, einmal eine ganz andere Herangehensweise zu wählen. Was hast du schon zu
verlieren?

Bitte vergiss bei den folgenden Methoden nicht: Die
Verantwortung für eine erfolgreiche Erziehung liegt immer bei den Erwachsenen. Es ist falsch und unfair, dem
Kind die Zuständigkeit für das Gelingen einer Situation
zuzuschieben, die *du* geändert haben möchtest. Vielmehr
sollst du kreative Wege finden, um das Verhalten deines
Kindes dahingehend zu ändern, dass alle zufrieden damit
sind.

Mit diesem Hinweis beende ich alle Vorrede und lade dich nun ein, dir dein eigenes Methodenrepertoire für heikle Situationen aufzubauen. Manche der folgenden Ideen werden dich sofort ansprechen, andere überhaupt nicht. Manche werden dich herausfordern, andere kannst du ohne Aufwand anwenden. Manche passen für eher kleinere Konflikte, andere für wahre Eskalationen. Nimm dir, was du brauchst!

Darf es noch ein bisschen Nudge sein?

Als Kind verbrachten meine Brüder und ich viele Wochenenden bei unseren Großeltern, die ein Dorf weiter wohnten. Wir liebten es, mit unserem Großvater spazieren zu gehen, im Garten zu spielen und abends fernzusehen. Was ich aber wie nichts anderes mit meinem Opa verbinde, ist *Spielen*. Kein Besuch lief ohne eine Runde Skat, Kniffel oder Mensch-ärgere-dich-nicht ab – genaugenommen ist das bis heute so. Was meine Großeltern neben der Spielfreudigkeit meines Opas noch auszeichnete, war die Tatsache, dass sie auf gesunde Ernährung achteten. So war es vor allem meiner Oma wichtig, dass wir Enkel regelmäßig Obst aßen. Mir schmeckte Obst, aber ich hätte es nicht freiwillig gefordert. Ich hatte demnach zwar keinen Widerwillen dagegen, besaß aber auch keine Motivation, es zu essen. Wie konnte nun meine Oma erreichen, dass ich die Äpfel oder Bananen aß?

Ihr Trick – ich weiß nicht, ob meine Großmutter dies gezielt so machte – bestand darin, einen Teller mit geschnittenem Obst immer am Samstagvormittag auf den Tisch zu stellen. Das war nicht irgendein Tisch, sondern der Tisch, an dem zu dieser Zeit mit Opa gespielt wurde. Sie stellte den Teller also ab, ohne etwas dazu zu sagen. Oft bemerkten wir gar nicht, dass sie den Teller brachte. Nach spätestens zwei Spielrunden war der Teller von uns leergegessen, ebenfalls ohne, dass wir es bemerkten. Meine Oma war zufrieden und wir Enkel waren es auch – eine Win-Win-Lösung.

Was meine Großmutter hier tat, lässt sich am besten mit einem Begriff aus der Verhaltensökonomie beschreiben: *Nudge*. *Nudge* bedeutet *Stups* oder *Schubs* und wurde durch das Buch *Nudge. Wie man kluge Entscheidungen anstößt* (2008, dt. 2009) des Wirtschaftswissenschaftlers Richard Thaler und des Juristen Cass Sunstein eingeführt. Dabei geht es um Mechanismen, die durch Regierungen, Vorstände oder ähnliche Institutionen veranlasst werden, um Menschen unterschwellig so zu beeinflussen bzw. anzustupsen, dass sie ein gewünschtes Verhalten zeigen. Das Entscheidende an Nudges ist, dass dadurch Verhaltensänderungen ganz sanft geschehen, oft unbemerkt. Es kommen dabei weder Belohnungsanreize noch Sanktionsandrohungen zum Einsatz. Meine Oma hielt uns keinen Vortrag über die Wichtigkeit gesunden Essens oder sagte, wir bekämen Süßigkeiten, wenn wir das Obst gegessen hätten – sie platzierte die Äpfel und Bananen einfach taktisch so geschickt, dass wir das gewünschte Verhalten zeigten – freiwillig und unbewusst.

Nudges erscheinen als eine hervorragende Antwort auf die Frage, wie man Kinder freiwillig zu dem bewegen kann, was man selbst möchte, vor allem dann, wenn ihnen das gewünschte Verhalten im Grunde nicht so wichtig ist. Denn anders als Strafen bringen Nudges die Kinder nicht in eine Ohnmachtsstellung. Nein, sie stupsen die Kleinen zwar zum gewünschten Verhalten hin, aber falls diese sich gegen das Verhalten entscheiden wollen, so können sie dies ohne großen Aufwand und ohne dass sie negative Konsequenzen fürchten müssen.

Damit sind Nudges eher mit Belohnungen zu vergleichen. Denn Belohnungen fungieren als positive Anreize, die dazu führen, dass ein nicht bevorzugtes Verhalten doch gezeigt wird. Obwohl dein Kind also eigentlich keine Hausaufgaben machen möchte, ist das versprochene Eis so lukrativ, dass es die lästigen Schularbeiten schnell hinter sich bringt. Der Unterschied zwischen Belohnungen und Nudges besteht aber darin, dass Entscheidungen, die durch die Stupser bewirkt werden, normalerweise keine sind, die Kindern besonders wichtig sind. Es geht vielmehr darum, ein aus Unwissenheit gezeigtes, unerwünschtes Verhalten zu unterbinden. Demnach wird – anders als bei Belohnungen – das Autonomiebedürfnis nicht verletzt. Und somit überrascht es nicht, dass Nudges – anders als Sanktionen und Belohnungen – in einer Vielzahl von Studien bestätigt haben, dass sie dauerhaft wirksam sind.

Der Grundgedanke von Nudges liefert eine perfekte Antwort auf die Frage: Wie kann ich mein Kind freiwillig zu dem bewegen, was *ich* möchte? Ohne eine Konfrontation heraufzubeschwören, lassen wir das anstupsende Element für uns arbeiten. Das Obstessen machte das deutlich: Durch das Spielen waren wir so im Flow, dass wir gar nicht mitbekamen, wie wir sanft zum Essen gedrängt wurden. Und das Ganze stellte sich ganz offensichtlich nicht als nachteilig für uns heraus. Welche versteckten Anstupser könnten für dich und deine Situation gewinnbringend sein?

Um dir auf der Suche nach deinen Nudges noch etwas mehr behilflich zu sein, gehen wir einen Schritt weiter. Indem wir psychologische Grundmuster von Menschen beleuchten, bekommst du eine Vielzahl von Ideen, wie die meisten Menschen – und somit wohl auch dein Kind bzw. deine Kinder – veranlagt sind und wie du diese Erkenntnisse für deine Erziehung nutzen kannst.

Die Psychologie des Überzeugens

Nur die wenigsten Menschen zählen das Verfassen einer Steuererklärung zu ihren Leidenschaften. Das liegt häufig nicht nur an der Angst, eine Menge Geld zahlen zu müssen, sondern auch an der Unlust, sich diesem nervigen Prozedere zu widmen – bestehend aus Unterlagen zusammensuchen, Fragen richtig beantworten, nach Schlupflöchern suchen und schlichtweg einer Menge Papierkram. Da die Regierung aber ein monetäres Interesse daran hat, Steuererklärungen zu bekommen, muss sie die Bürgerinnen und Bürger dazu bringen, diese lästige

Pflicht zu erledigen. Dies ist natürlich kein ausschließlich deutsches Problem, sondern betrifft beispielsweise auch Großbritannien[21]. Die britische Regierung wählte Anfang der 2010er Jahre eine Strategie, die auf passive, verborgene Weise innerhalb von drei Wochen Mehreinnahmen von elf Millionen Pfund brachte. Dabei muss betont werden: ohne Drohungen!

Nun stellt sich die alles entscheidende Frage: Wie hat die Regierung das geschafft? Die Antwort ist so einfach wie verblüffend: mit zwei zusätzlichen Sätzen am Anfang des Standardmahnbriefs. Die Schreiben begannen wie folgt: »Neun von zehn Bürgern in Großbritannien zahlen ihre Steuern rechtzeitig. Im Moment gehören Sie zu einer kleinen Minderheit, die noch nicht bezahlt hat.« Diese beiden Sätze führten dazu, dass viele Menschen bewegt wurden, ihre Steuererklärung innerhalb von drei Wochen abzugeben und insgesamt eine große Summe Steuern zu zahlen. Faszinierend.

Zwei Sätze, die Menschen ohne Druck zu etwas anstupsen, was die Regierung möchte. »Anstupsen«? Das hatten wir doch gerade? Richtig! Die zwei Sätze waren ein Nudge. David Cameron, damaliger Premierminister Englands, gründete zu Beginn seiner Amtszeit eine Sonderabteilung mit dem Namen *Nudge United*. Diese sollte ihm helfen, wirksamer dank psychologischen Fachwissens zu

---

[21] Das komplette Beispiel vgl. Metzger, Jochen (2015): *Wirksam regieren. Regierungen nutzen psychologische Erkenntnisse, um Bürger unterschwellig zu beeinflussen.* In: Psychologie Heute, 08/2015: S. 35-36.

regieren. Ein Ergebnis dieses Gremiums waren eben jene zwei Sätze.

Wie erwähnt, hängen die im Folgenden beschriebenen Methoden mit Nudges eng zusammen. Doch wird dafür zunächst ein Blick hinter die Kulissen der Anstupser geworfen und beleuchtet, nach welchen Kriterien wir Menschen uns eigentlich beeinflussen lassen. Die Erkenntnisse übersetzen wir dann wiederum in Erziehungsmethoden.

Der ehemalige Psychologieprofessor an der Arizona State University Robert Cialdini hat in seinem Bestseller-Buch *Die Psychologie des Überzeugens* sechs Grundprinzipien herausgearbeitet, die dazu beitragen, dass sich Menschen unbewusst beeinflussen lassen. Diese zentralen Faktoren, die der Autor vor allem durch eine dreijährige »Undercover-Recherche« bei stark beeinflussenden Berufsgruppen (zum Beispiel Autoverkäufer, Vertreterinnen, Werbeleute) erwarb, schauen wir uns an. Dabei geht es nicht darum zu manipulieren. Niemand wird einer Gehirnwäsche unterzogen oder in eine Ohnmachtsstellung gebracht – vielmehr geht es darum, uns grundlegende psychologische Mechanismen zunutze zu machen, denen viele Menschen von Natur aus folgen. Dabei müssen wir jeweils einen Transfer zu Kindern machen, denn Cialdini bezog seine Faktoren auf Erwachsene.[22] Die drei für unser Anliegen relevantesten der sechs Faktoren sollen

22 Einführung zu Cialdini und die Beschreibung der sechs Faktoren vgl. Schäfer, Annette (2015): Kleine Kniffe, große Wirkung. In: Psychologie Heute, 08/2015, S. 30-33.

genauer betrachtet werden: *Reziprozität, Soziale Bewährtheit* und *Commitment/Konsistenz.*

Reziprozität

Stell dir vor, du schlenderst durch eine Großstadt und plötzlich spricht dich ein Losverkäufer an. Normalerweise würdest du wahrscheinlich schnell das Weite suchen, doch passiert dieses Mal etwas Unerwartetes: Statt etwas von dir zu wollen, schenkt der Losverkäufer dir eine Dose Coca-Cola. Wie wirkt sich das Geschenk auf dein Verhalten aus?

In einer Studie, die genau dieses Design hatte, kauften daraufhin die Beschenkten zweimal mehr Lose als Teilnehmerinnen und Teilnehmer, die keine Dose bekamen. Nun mag das ziemlich naheliegend sein, fühlt es sich doch nicht gut an, etwas geschenkt zu bekommen und dann zu knauserig zu sein, etwas zurückzugeben. Interessanterweise blieb das gesteigerte Kaufverhalten auch bestehen, wenn zwischen dem Geschenk und dem Loskauf ein gewisser zeitlicher Abstand lag und der Verkäufer die Dose nicht wieder erwähnte.[23]

Das für dieses Verhalten zugrundeliegende Phänomen nennt Cialdini *Reziprozität* oder *Gegenseitigkeit.* Das Prinzip macht es sich zunutze, dass die meisten Menschen ein Bedürfnis haben, sich für eine Gefälligkeit zu

---

[23]   Goldstein, Noah J.; Martin, Steve J.; Cialdini, Robert B. (2018): *Yes! Andere überzeugen – 60 wissenschaftlich gesicherte Geheimrezepte.* 2., überarbeitete und erweiterte Auflage. Bern: Hogrefe.

revanchieren. Wenn einem Menschen also ein anderer hilft, ihm etwas schenkt oder etwas anderes Gutes tut, dann drängt es diesen dazu, in ähnlicher Weise darauf zu reagieren.

Dieses menschliche Grundbedürfnis findest du in anfänglicher Form bereits bei Kindern. Und du kannst dieses für deine Erziehung nutzen. Eine Folge aus der Reziprozität könnte eine *Pädagogik des ersten Schritts* sein. Es geht darum, dass du deinem Kind dienst, ihm Gutes tust, es etwas verwöhnst – und hoffst, dass sich das Kind daraufhin bewegt, ebenfalls ein gutes Verhalten zu zeigen. Ob es zu diesem erhofften Benehmen kommt, weißt du vorher nicht. Da das erhoffte Verhalten aber die Folge und nicht die Voraussetzung ist, trägst du das Risiko. Anders als beim In-Aussicht-Stellen von Belohnungen oder beim Androhen von Strafen ist das Verhalten des Kindes eben nicht die Bedingung für die Konsequenz. Vielmehr gehst du in Vorleistung, du gehst mit gutem Beispiel voran – immer auf die Gefahr hin, dass vom Kind nichts zurückkommt. Wenn du bereit bist, dieses Risiko zu tragen, dann ist eine gute Grundlage gelegt, auf der Kinder wiederum ihr Verhalten aufbauen.

Wenn du in Vorleistung mit guten Taten gegangen bist, also den ersten Schritt gemacht hast, dann wird sich in der Regel ganz automatisch auch das kindliche Verhalten zum Guten ändern. Sollte das nicht geschehen, darfst du auch gerne vorsichtige Erinnerungshilfen geben. Das heißt, du kannst gelegentlich betonen, dass du X oder Y gemacht hast und deshalb jetzt hoffst, dass das Kind auch deinen Wunsch erfüllt. Doch Achtung: Deine Forderung darf keinen Zwang oder psychischen Druck auslösen. Emotionale Erpressung ist durch und durch schädlich! Dein Kind muss nach wie vor die Möglichkeit haben, sich gegen ein gewünschtes Verhalten zu entscheiden, ohne schmerzhafte Nachteile zu erfahren oder das Gefühl zu haben, dich zu enttäuschen. Vielmehr geht es um einen kurzen gedanklichen Anstupser. Der psychologische Mechanismus der Reziprozität wird dazu führen, dass sich die Wahrscheinlichkeit des Entgegenkommens deutlich erhöht.

Wie sieht der Einsatz der Reziprozität nun konkret aus? Manchmal gebe ich meiner fünfjährigen Tochter[24] auf unserer Zimmerschaukel lange Anschwung – was sie liebt. Wenn ich im Anschluss möchte, dass sie beispielsweise ihre Puppen wegräumt, reicht oft die schlichte Bitte, ohne dass ich das Schaukeln explizit erwähnen muss. Sie scheint tatsächlich zu spüren, dass das Aufräumen aufgrund von Gegenseitigkeit nun dran ist. Funktioniert das Prinzip der Reziprozität nicht gut, so schlägt Schäfer vor[25], kann man beiläufig erwähnen, dass man ja wisse, wenn man selbst einmal Hilfe brauche, dass der oder die andere ebenfalls Gutes tun würde.

Manchmal kann es auch angemessen sein, sehr direkt Forderungen mit der Reziprozität zu begründen. Innerhalb einer vertrauensvollen Beziehung kann es

---

[24] Das zu beschreibende Phänomen funktionierte aber auch schon, als sie noch drei und vier Jahre alt war.
[25] Schäfer, Annette (2015): Kleine Kniffe, große Wirkung. In: Psychologie Heute, 08/2015, S. 30-33.

Situationen geben, in denen Eltern sagen: »Weißt du, ich habe jetzt so lange mit dir gespielt, jetzt wünsche ich mir einfach, dass du mir auch mal einen Gefallen tust und deine Klamotten aufräumst.« Solange das Spielen nicht deshalb stattfand, um im Anschluss selbst Forderungen zu stellen, und solange dieser elterliche Wunsch nicht als emotionale Erpressung formuliert wird, ist diese Direktheit vollkommen legitim. Wenn sich dein Kind trotzdem weigert, musst du das aber an dieser Stelle hinnehmen.

Wichtig ist, dass die richtige Reihenfolge eingehalten wird: Das Prinzip der Gegenseitigkeit setzt voraus, dass du zuerst lieferst und das Kind die Möglichkeit hat, darauf zu reagieren. Du machst den ersten Schritt und hoffst, dass dein Kind *freiwillig* reagiert. Und noch einmal: Nur weil du in Vorleistung gehst, ist das Kind nicht mehr als sonst verpflichtet, sich richtig zu verhalten. Das besagte Prinzip geht nur davon aus, dass die Wahrscheinlichkeit erhöht wird, dass sich das Kind für deinen Willen entscheidet. Im Übrigen wird die Wahrscheinlichkeit am stärksten erhöht, wenn du mit deinem ersten Schritt eine Leistung erbringst, die dem Kind besonders wichtig ist. Hier gilt es also, durch eine gute Beziehung das Gegenüber zu kennen.

Soziale Bewährtheit

Ich schulde dir noch eine Erklärung: Wieso zahlten britische Bürgerinnen und Bürger innerhalb von drei Wochen elf Millionen Pfund Steuern, aufgrund zweier kleiner Sätze? Die Antwort lautet: soziale Bewährtheit.

Menschen haben den inneren Wunsch dazuzugehören. Dieser Wunsch ist evolutionsgeschichtlich äußerst plausibel, sicherte doch die Zugehörigkeit zu einer Herde das Überleben. Weil wir diese Tendenz nach wie vor haben, wollen wir – bewusst und unbewusst – unser Verhalten an unsere Umgebung und speziell an jene Menschen anpassen, mit denen wir uns identifizieren. Der Hinweis der britischen Regierung, dass bereits neun von zehn Bürgern (und Bürgerinnen) Steuern bezahlt hatten, löste offensichtlich bei vielen Menschen den Wunsch aus, ihr Verhalten an das der Masse anzupassen und deshalb ebenfalls zügig die Steuererklärung abzugeben.

Wie stark die soziale Bewährtheit gerade gegenüber Menschen ist, mit denen wir uns identifizieren, zeigt die zweite Stufe des britischen Regierungsvorgehens: Es folgte ein zweiter Brief mit dem Hinweis, dass ein Großteil der Leute mit derselben Postleitzahl bereits Steuern gezahlt habe. Dieser Hinweis führte noch einmal zu einem deutlich größeren Rücklauf.[26]

Wir Menschen sind Gemeinschaftswesen und deshalb wollen wir dazugehören. Doch steckt hinter den Verhaltensänderungen aufgrund der sozialen Bewährtheit nicht nur der Wunsch nach Zugehörigkeit und Anerkennung, sondern zwei weitere Motive. Laut Cialdini und seinem Team wollen wir

---

[26] Goldstein, Noah J.; Martin, Steve J.; Cialdini, Robert B. (2018): *Yes! Andere überzeugen - 60 wissenschaftlich gesicherte Geheimrezepte.* 2., überarbeitete und erweiterte Auflage. Bern: Hogrefe. S. 26.

a) Entscheidungen so akkurat und effizient wie nur möglich treffen und

b) uns selbst in einem guten Licht sehen.[27]

Alle drei Faktoren kannst du dir für die erzieherische Arbeit ungemein zunutze machen.

Als meine Tochter noch etwas jünger war, wollte sie abends manchmal nicht ins Bett. Um sie nicht gegen ihren Willen zum Schlafen zu zwingen, wandte ich mitunter eine Methode an, die die soziale Bewährtheit zur Grundlage hatte. Ich wusste, dass zwei ihrer besten Freudinnen jeden Abend früher als sie schliefen. Also erzählte ich ihr, dass Lina und Mia bereits im Bett lägen. Meine Tochter hörte genau zu und fing an, mit mir darüber zu philosophieren, wie die beiden wohl ins Bett gehen, welchen Schlafanzug sie tragen und ob sie mit Stofftieren kuscheln. Dabei legte sie sich freiwillig in ihr Bett. Natürlich kann ich nicht sicher sagen, ob das friedliche Zu-Bett-Gehen an dem unbewussten Wunsch lag, wie ihre Freundinnen zu sein, doch das Berichten darüber half auf jeden Fall häufiger dabei.

Sofern es dir möglich ist, finde beispielhaftes Verhalten von Menschen, die für dein Kind wichtig sind und erzähle davon. Kennst du solche Beispiele, kannst du Appelle stets so formulieren, dass nicht die Sache an sich im Vordergrund steht, sondern die Menschen, mit denen

---

27 Schäfer, Annette (2015): Kleine Kniffe, große Wirkung. In: Psychologie Heute, 08/2015, S. 31-32.

sich dein Kind identifiziert. Wahrscheinlich passt sich dann das Verhalten deines Kindes eher an.

Commitment und Konsistenz

Es gibt eine ganze Reihe an alltäglichen Notwendigkeiten, die für Eltern selbstverständlich, für Kinder aber nicht leicht praktizierbar sind. Eine dieser Sachen ist zum Beispiel *Pünktlichkeit*. So ist dein älteres Kind vielleicht regelmäßig bei einer Freundin oder einem Nachbarn zu Besuch und soll um 18 Uhr zum Abendessen zuhause sein. Doch es gelingt ihm häufig nicht, pünktlich da zu sein. Was kannst du nun mit möglichst wenig Aufwand tun, um dein Kind rechtzeitig an den Abendbrottisch zu bringen?

Die Psychologie der Überzeugung schlägt einen kleinen Trick vor, der statistisch Besserung verspricht: Wenn du deinem Kind beim Verabschieden sagst, es solle pünktlich sein, dann sage nicht: »Bitte sei spätestens 18 Uhr zuhause«, sondern formuliere die gleiche Aufforderung etwas anders: »Bist du bitte spätestens 18 Uhr zuhause?« Was ist der Unterschied? Formulierst du deinen Wunsch als Frage, muss dein Kind darauf antworten – und mit großer Sicherheit wird es »ja« sagen. Dieses Ja ist ein Commitment: Dein Kind sagt zu, sich an etwas zu halten. Warum dies so wichtig ist, beschreibt Annette Schäfer: »Menschen wollen sich im Einklang mit ihren einmal gegebenen Verpflichtungen verhalten.«[28] Sagt

---

[28] Schäfer, Annette (2015): Kleine Kniffe, große Wirkung. In: Psychologie Heute, 08/2015, S. 32.

dein Kind dir also zu, pünktlich zu sein, erhöht dies die Wahrscheinlich, dass es wirklich rechtzeitig zu Hause ist – im Gegensatz dazu, wenn es einfach nur die Information erhalten hätte, wann es wieder daheim sein soll.

Doch ist das Commitment nicht nur für Pünktlichkeit relevant, sondern auch für andere Situationen des Alltags. Möchte dein Kind einmal wieder nicht aufräumen oder macht etwas, das dir überhaupt nicht gefällt, steigt die Wahrscheinlichkeit einer Verhaltensänderung, wenn du es an eine früher gegebene Zusage erinnerst – sofern es diese gegeben hat: »Du hast mir versprochen, dass du mich nicht mehr hauen wirst« oder »Ich darf dich daran erinnern, dass du gesagt hast, dass du dein Zimmer aufräumen wirst.«

Ein ähnlicher Wirkmechanismus wie beim Commitment-Prinzip läuft bei der Etikettierungstechnik ab. Hierbei gibt man seinem Gegenüber ein Etikett – oder lässt es sich selbst geben – und steuert dadurch unbewusst dessen Verhalten. So konnten Lehrerinnen und Lehrer ihre Schülerinnen und Schüler dazu bringen, ihre Handschrift signifikant öfter zu üben, einfach dadurch, dass sie ihnen sagten: »Du wirkst wie ein Kind, das Wert darauflegt, eine gute Handschrift zu haben.« Diese Kinder übten tatsächlich in ihrer Freizeit häufiger das Schreiben, selbst dann, wenn sie sich unbeobachtet fühlten. Warum?

Weil sie das Etikett *Legt Wert auf eine gute Handschrift* bekamen.[29]

Was können wir nun pädagogisch mit der Etikettierungstechnik anfangen? Stell dir vor, du kommst ins Kinderzimmer und dein fünfjähriges Kind droht an, das jüngere gleich zu hauen. Natürlich könntest du nun vehement versuchen, es ihm auszureden, ihm zu drohen oder eines der Kinder aus dem Zimmer ziehen. Was aber viel schneller und gewaltfreier wirkt, ist die Etikettierungstechnik: »Ich weiß, dass du groß genug bist, um deinem kleinen Bruder nicht weh zu tun.« Daraufhin kannst und solltest du sofort das Zimmer wieder verlassen. Mit großer Wahrscheinlichkeit wird nichts Schlimmes passieren. Noch stärker ist der Effekt, wenn du die Beziehungsebene mit einfließen lässt. Dabei musst du aber wieder aufpassen, nicht emotionalen Druck auszuüben. Du könntest also auch sagen: »Ich weiß, dass du deinen Bruder nicht hauen wirst, weil ich dir vertrauen kann.« Auch dann kannst du das Zimmer zügig verlassen. Dein Kind wird nun vermutlich nicht zuschlagen. Zum einen, weil es dein Vertrauen nicht verletzen möchte, zum anderen, weil es das Bild, das du von ihm hast, nicht zerstören will. Probiere diese einfache Technik unbedingt aus. Sie ist unglaublich effektiv, wenn du ein Verhalten auf freiwilliger Basis verändern möchtest.

---

[29] Goldstein, Noah J.; Martin, Steve J.; Cialdini, Robert B. (2018): *Yes! Andere überzeugen - 60 wissenschaftlich gesicherte Geheimrezepte.* 2., überarbeitete und erweiterte Auflage. Bern: Hogrefe. S. 77.

Ein weiterer Effekt, der aufgrund des menschlichen Wunsches nach Konsistenz existiert, ist die Fuß-in-der-Tür-Technik. Hierbei geht es darum, zunächst um einen kleinen Gefallen zu bitten, den dein Kind wahrscheinlich nicht ablehnen wird. Sobald der Fuß einmal in der Tür ist, ist es deutlich leichter, seinen eigentlichen, viel größeren Wunsch zu formulieren und damit Erfolg zu haben. Denn auch hierbei geht es wieder darum, dass Menschen konsistent erscheinen wollen, weshalb sie dem großen Wunsch ebenfalls nachgeben. Diese Technik ist perfekt geeignet, wenn es darum geht, Hausaufgaben zu machen oder das Zimmer aufzuräumen. So könntest du dein Kind zunächst einmal damit beauftragen, nur 15 Minuten lang Hausaufgaben zu machen oder eben nur ein einziges Spielzeug in die Kiste zu räumen. Ist dies geschehen, fällt es deutlich leichter, es dazu zu motivieren, noch ein klein bisschen mehr zu machen. Letztendlich wird eine deutlich größere Bereitschaft bestehen, auch noch den Rest der Aufgabe zu erledigen.[31]

Worte wirken Wunder

Nun haben wir drei wichtige Wirkmechanismen betrachtet, die Cialdini und sein Team herausgefunden haben, um Menschen ohne Zwang zu überzeugen. Nicht alle Überzeugungstechniken aber lassen sich auf diese drei psychologischen Bedürfnisse zurückführen. Es gibt eine ganze Reihe weiterer Gründe – und somit auch

---

[31] Ebd., S. 75.

Methoden –, weshalb sich Menschen beeinflussen lassen. Einige sollen noch kurz Erwähnung finden.

Cialdini und sein Team zeigten anhand einer Studie, dass Personen Redensarten, die sich reimten, als zutreffender bewerteten im Vergleich zu Redensarten, die den identischen Inhalt hatten, sich aber in ihrer Form nicht reimten. Grund dafür könnte sein, dass wir Reime besonders leicht erfassen und verarbeiten können, so dass sie uns genauer und glaubwürdiger erscheinen. Wie wäre es also, wenn du wichtige Erziehungsgrundsätze oder Tagesabläufe als Reim verfassen würdest?[33] Wenn du möchtest, dass dein Kind Zähne putzt, solltest du es anstatt mit der normalen Aufforderung, sich ins Bad zu begeben und das Ritual durchzuführen, mit einem Reim probieren: »Zähne putzen, Zähne putzen, muss ein jedes Kind, Zähne putzen, Zähne putzen, bis sie sauber sind.« Natürlich ist dies kein sehr machtvoller Effekt, doch kann er dir manches Mal vielleicht gute Dienste erweisen.

Ein zweites Tool, das die Macht der Sprache nutzt, ist noch banaler, aber überraschend wirkungsvoll. Die Verhaltenswissenschaftlerin Ellen Langer und ihr Team erhielten in einem etwas skurrilen Experiment ein noch skurrileres Ergebnis. Eine fremde Person näherte sich einer vor einem Kopiergerät wartenden Menschenschlange und fragte: »Entschuldigen Sie, ich habe fünf Seiten zu kopieren. Könnten Sie mich bitte vorlassen?« Fast zwei

[33] Goldstein, Noah J.; Martin, Steve J.; Cialdini, Robert B. (2018): *Yes! Andere überzeugen - 60 wissenschaftlich gesicherte Geheimrezepte*. 2., überarbeitete und erweiterte Auflage. Bern: Hogrefe. S. 156-157.

Drittel (60 %) aller Wartenden ließen die Person vor. Formulierte die fremde Person ihr Anliegen aber ein kleines bisschen anders, erreichte sie eine Erfolgsquote von sagenhaften 94 %. Was musste sie sagen? Sie musste schlicht und ergreifend eine Begründung für ihren Wunsch liefern, zum Beispiel »Könnten Sie mich bitte vorlassen, weil ich es eilig habe?« Dies ist sicherlich interessant, aber nicht völlig überraschend, schließlich führt ein berechtigter Grund zu einer netten Geste. Doch was jetzt passierte, verblüfft wirklich. In einem dritten Durchgang wendete die fremde Person abermals eine Begründung an, wählte aber einen völlig bedeutungslosen Anlass: »Könnten Sie mich bitte vorlassen, weil ich kopieren muss?« Keine sehr kreative Begründung angesichts der Tatsache, dass sich die Bitte auf ein Kopiergerät bezog. Faszinierenderweise aber ließen trotzdem 93 % aller Wartenden die fremde Person vor.[34] Das Wörtchen *weil* scheint also eine magische Wirkung zu haben.

Als ich von dieser Studie gelesen habe, probierte ich es direkt bei meiner dreijährigen Tochter aus. Wir saßen als Familie beim Abendessen. Immer dann, wenn meine Frau etwas von unserer Tochter forderte, diese aber nicht reagierte oder sich für eine Alternative entschied, formulierte ich genau die gleiche Aufforderung mit einer *weil*-Begründung. Zu unserer beider Überraschung reagierte unsere Tochter dann jeweils sofort und so, wie es unserem Wunsch entsprach. Mir ist bewusst, dass dies gar nichts beweist, sondern reiner Zufall gewesen sein kann

---

34 Ebd., S. 142-143.

oder die Ursache darin lag, dass unsere Tochter gerade mehr auf mich hören wollte. Der Effekt des Wörtchens *weil* war in diesem Moment aber faszinierend.

Wie wirkungsvoll gewisse Worte sein können, wurde auch bereits am Anfang des zweiten Teils des Buches deutlich. In dem Versuch, Geld für das Busticket zu erbitten, zeigte sich, dass ein Nachsatz, der der gefragten Person ihre Autonomie zusichert, wahre Wunder wirkt. Weder lösen die Mechanismen der Psychologie des Überzeugens noch diverse bewusst eingesetzte Worte alle konflikthaften Situationen – sonst würde es sich um Gehirnwäsche handeln. Doch die Wahrscheinlichkeit, dass es zu gewünschten Verhaltensweisen kommt, erhöht sich deutlich. Probiere es aus! Überlege dir eigene Lösungen, die die beschriebenen Erkenntnisse zur Grundlage haben und passe die Strategien auf deine Situationen an.

Das ganze Leben ist ein Spiel

Mein jüngster Bruder ist 13 Jahre nach mir geboren. Das heißt, ich habe auch seine frühe Entwicklung bewusst miterlebt und konnte bereits als Teenager Erziehung hautnah erleben. Als er ca. ein Jahr alt war, neckten wir großen Brüder ihn regelmäßig und machten uns darüber lustig, dass er ja den ganzen Tag nichts zu tun habe. Meine Mutter sagte dann häufig: »Lasst ihn in Ruhe spielen, denn er arbeitet.« Das traf den Nagel des kindlichen Treibens ziemlich genau auf den Kopf: Kinder machen im Grunde nichts anderes, als zu spielen, doch ist dies nicht mit dem erwachsenen Spiel zu vergleichen. Denn Kinder entdecken die Welt spielerisch. Für sie gibt es die Unterteilung der Welt in Spiel und Ernst nicht. Diese Unterscheidung ist eine (negative) Folge des Erwachsenwerdens. Kinder sind gewissermaßen spielsüchtig, aber in einem positiven Sinne – es ist das, was sie am allerbesten können. Doch sie entdecken dadurch nicht nur die Welt, sie verarbeiten auch Erlebnisse und Eindrücke. Deshalb beginnen Kinder zu spielen und in eine Fantasiewelt zu fliehen, wenn sie überfordert sind. Spielen ist ihr Lebenselixier. Und es hat eine ganz entscheidende Eigenschaft: Es macht ihnen Spaß. Genauso im Übrigen wie Lernen: Kinder haben den natürlichen Trieb zu lernen. Erst wenn sie in einen Kontext gestellt werden, in dem sie lernen müssen, weil dieses Tun nun bewertet wird, verlieren viele langsam den Spaß daran.

Wenn wir verstehen, dass Kinder fast alles als Spiel betrachten, so ist das eine äußerst wichtige pädagogische Erkenntnis. Denn dann wissen wir, dass dies ihre Sprache ist, die sie am besten verstehen.

Wie sieht nun eine pädagogische Lösung durch Spielen für die konkreten Herausforderungen des Alltags aus? In Momenten, in denen dein Kind etwas möchte, das du nicht willst, oder etwas nicht möchte, das du aber willst, dann kannst du mit deinem Kind spielen. Dafür nimmst du eine kindliche Perspektive ein und überlegst dir, welches Spiel deinem Kind jetzt gerade Spaß bereiten würde. Wenn du ein Spiel gefunden hast, geht es los. Dein Kind wird darauf anspringen und schon hast du es da, wo du es haben willst. Bei dieser Methode ist natürlich deine Kreativität gefordert, aber mit ein bisschen Übung und einigen beispielhaften Anregungen wird dies nicht so schwer werden.

Wir wohnen in der zweiten Etage eines Mietshauses. Als unser Sohn zwei Jahre alt war, hatte er oft keine Lust, die Treppen beim Nach-Hause-Kommen nach oben zu steigen. Also setzte er sich auf die unterste Stufe und wollte getragen werden. Für mich war es meist kein Problem, ihn zu tragen, aber meine Frau konnte ihn aus medizinischen Gründen nicht tragen. Also bestand sie darauf, dass er selbst die Treppen steigt. Meist endete dieser Diskurs in lautem Schreien und Weinen. Eines Tages aber, als unser Sohn sich wieder auf die unterste Stufe setzte, leerte meine Frau noch den Briefkasten. Bevor sie sich dazu umdrehte, sagte sie zu unserem Sohn in einem humorvollen Ton: »Du gehst bitte nicht allein die Stufen hinauf. Du wartest doch bitte auf mich.« Und dann drehte sie sich um. Unser Sohn fing an zu feixen und rannte die Treppen hinauf. Meine Frau echauffierte sich spielerisch, er möge auf sie warten. Im Nu waren beide an unserer Wohnungstür. In den nächsten Wochen wurde aus dem täglichen Treppensteigen ein tägliches Spiel: »Du gehst doch nicht etwa schon wieder ohne mich hoch?!« oder »Na warte, ich fange dich!« oder »Komm, wir machen einen Wettlauf, wer zuerst oben ist!« Plötzlich war Treppensteigen für alle die reinste Freude.

Dieses Beispiel zeigt, wie man den kindlichen Urtrieb des Spielens nutzen kann, um aktiv Kinder freiwillig zu dem zu bewegen, was man möchte. Dabei hat spielerisches Erziehen nicht nur den Effekt, die eigenen Wünsche zu erfüllen, sondern führt zugleich dazu, dass Kinder Spaß haben. Eine Win-Win-Lösung also.

Die Art des Spiels, die du in konflikthaften Situationen vorschlägst, sollte natürlich abhängig sein vom Alter und Entwicklungsstand des Kindes. Kleine Kinder beispielsweise kann man leicht damit begeistern, dass sie zeigen, was sie schon können. Auch Rollenspiele, die so tun, als ob, sind bei kleineren Kindern beliebt. Etwas größere Kinder hingegen haben vielleicht mehr Freude daran, vergleichende Wettkampfspiele zu spielen. Natürlich spielen auch individuelle Interessen und Temperamente eine wesentliche Rolle.

Ein Zuhörer einer meiner Vorträge erzählte mir einmal im Anschluss, dass er häufig morgens, wenn es etwas zügiger zugehen muss, seine Kinder zum Anziehen und Zähneputzen bewegt, indem sie einen Wettbewerb daraus machen. Die Aufgabe lautet also beispielsweise: Wer ist zuerst angezogen? Oder sie spielen ein Lied ab und setzen sich zum Ziel, sich während dieses Dreiminuten-Songs zusammen anzuziehen und Zähne zu putzen. Eine tolle Idee, um spielerisches Erziehen zur Bewältigung alltäglicher Aufgaben zu nutzen.

Der kindliche Wunsch nach Spielen lässt sich übrigens auch wunderbar mit Geschichten verbinden. Wenn dein kleines Kind abends nicht ins Bett gehen möchte, kannst du deshalb kurzerhand das Bett zu einem Boot, einer Höhle oder einem Kletterbaum erklären. Dafür erzählst du eine spannende Geschichte und im Nu wird dein Kind an keinem anderen Ort mehr sein wollen.

Spielen und Geschichten können wiederum zu etwas führen, das ich *lustige Kollusion* nennen möchte. Bei einer Kollusion steckt man mit jemandem verschwörerisch unter einer Decke und heckt einen geheimen Plan aus. Bezogen auf dein Kind bedeutet das, dass du dich mit ihm gemeinsam gegen jemanden oder etwas verbündest. Bitte bedenke: Es ist alles ein humorvolles Spiel. So kam es immer wieder vor, dass sich meine Tochter beim Duschen nicht die Haare waschen lassen wollte. Dann erzählte ich ihr manchmal in verschwörerischem Tonfall etwas über Mama. Zum Beispiel sagte ich:»Pass mal auf: Wollen wir zusammen Mama richtig überraschen? Wenn wir jetzt ganz schnell die Haare waschen und in Rekordzeit mit duschen fertig sind, dann wird sich Mama wundern. Und dann sagt sie vielleicht: ›Ihr habt doch gar nicht richtig geduscht‹. Aber dann sagen wir: ›Doch, Mama! Ha, ha!‹ Da wird sie sich ganz schön wundern. Das wird ein Spaß!« Meine Frau spielte dann meistens die Szene mit und echauffierte sich absichtlich, was zu viel Gelächter bei unserer Tochter führte. Dieses heimliche Verbinden schweißt zusammen, erzielt Veränderung und schadet natürlich der Beziehung zwischen Kind und der anderen Person nicht.

Sich den kindlichen Spieltrieb zu Nutze zu machen, gelingt übrigens auch in anderen herausfordernden Situationen. Vielleicht kommt es häufiger vor, dass dein Kind schlägt oder androht zu schlagen. Das tut zwar bei kleinen Kindern häufig nicht weh, aber es ist wichtig, dass dein Kind schnell lernt, nicht zu schlagen. Wahrscheinlich hast du aber auch hier schon unzählige Male festgestellt, dass alles Erklären und Ermahnen keine nachhaltige Änderung bewirkt – im Gegenteil: Meist endet es dann mit unglücklichen Kindern und/oder Eltern. Versuch doch einmal, einem solchen Verhalten spielerisch zu begegnen. Haut dich dein Kind, bäume dich vor ihm auf und sage übertrieben: »Du willst die Mama hauen? Du traust dich was …« – und dann rangelst du spaßhaft mit ihm. Alle werden lachen und dadurch entschärfst du die Situation spielerisch, da du der Provokation nicht erlegen bist. Denn darum geht es: Dein Kind ist mit großer Wahrscheinlichkeit kein notorischer Schläger bzw. keine offenkundige Schlägerin, sondern möchte Aufmerksamkeit. Und genau die gibst du ihm, indem du die Szene mit Humor löst. Das ist auch der Grund, weshalb du durch dieses pädagogische Mittel das Hauen nicht verstärkst, obwohl eine positive, humorvolle Konsequenz auf das negative Schlagen folgt. Deinem Kind geht es nicht um die Gewalt, sondern es hat keine andere Idee, wie es die Aufmerksamkeit bekommt oder mit seinem Ärger umgehen kann. Und dass man grundsätzlich nicht aus Wut schlagen darf, lernt dein Kind übrigens weder durch Erklären noch durch Sanktionen, sondern durch dich als Vorbild. Aber das weißt du ja bereits.

Wenn Spielen die Sprache der Kinder ist, verwundert es, wie wenig sie von Seiten der Erwachsenen für Erziehung genutzt wird. Ein gutes Beispiel dafür ist der beeindruckende Film *Systemsprenger* von Nora Fingscheidt. Dabei geht es um die neunjährige Bernadette (»Benni«), die aufgrund ihrer Aggressivität und Unberechenbarkeit durch alle Raster der deutschen Kinder- und Jugendhilfe fällt. Weder Schulen noch Pflegefamilien noch Wohngruppen noch ihre eigene Mutter wollen das Mädchen aufnehmen. Dieser Film geht unter die Haut und lässt die Zuschauerinnen und Zuschauer resigniert zurück. Als ich einige Tage, nachdem ich den Film sah, über ihn nachdachte, fiel mir auf, dass der Umgang seitens der Betreuerinnen und Betreuer mit Benni nahezu vollständig humorlos war. Mit ihr wurde fast ausschließlich ernst, kontrolliert, vernünftig, »erwachsen« gesprochen. Die einzige Ausnahme stellte ihr Schulbegleiter Micha dar. Ihm gelang es, das Mädchen zumindest kurzzeitig wieder in die Schule zu bringen. Wie? Er spielte mit Benni Tischkicker und vereinbarte mit ihr, wenn sie verliert, muss sie zur Schule gehen. Dadurch gelang es dem Sozialarbeiter nicht nur, dass Benni ihrer Schulpflicht nachkam, sondern vor allem, dass er mit ihr in Beziehung trat. Denn offensichtlich hatte sie das Gefühl, dass er ihre Sprache sprach. Dies ist ein gutes Beispiel dafür, wie Kinder ticken: Spielen ist ihr Element.

Benni zeigt, dass der kindliche Wunsch nach Spiel tatsächlich ein *kindlicher* und kein allein *kleinkindlicher* ist. Denn auch größere Kinder können damit zu dem gewünschten Verhalten bewegt werden. Gerade acht- bis zwölfjährige Kinder lieben Wettkampfspiele. Also mach doch auch du einmal eine kleine Wette darum, wer den

Tisch abräumt: eine Runde Tischtennis, einmal Liederraten, zehn Liegestütze auf Zeit usw.

Es gibt unendlich viele Möglichkeiten, Kinder spielerisch zu etwas zu bewegen. Vielleicht bist du nicht so spontan und die besten Ideen kommen dir immer erst hinterher. Kein Problem! Schreib dir sie hinterher auf. Denn nach dem Spiel ist vor dem Spiel.

Exkurs: Warum Kinder Wutanfälle bekommen

Wusstest du, dass dein Gehirn eine Wachhündin besitzt? Sie heißt *Amygdala*. Sie entscheidet, wie in bedrohlichen Situationen zu verfahren ist – und das Ganze im Bruchteil einer Sekunde. Wenn dich also etwas bedroht, zum Beispiel ein auf dein Gesicht zufliegender Fußball, dann entscheidet die Amygdala blitzschnell, ob du dich wegdrehen sollst oder einen Kopfball daraus machst. Denn die Amygdala wählt in der Regel zwischen zwei Optionen: Kampf oder Flucht. Immer dann, wenn die Amygdala zum Ergebnis kommt, dass die Gefahr wirklich bedrohlich für den eigenen Organismus ist, wird sie dir zu einer intuitiven Flucht- oder Schutzmaßnahme verhelfen (wegdrehen). Kommt die Amygdala hingegen zu dem Ergebnis, dass du der Gefahr trotzen kannst, wird sie dich zu einer offensiven Kampfreaktion führen (Kopfball). Im Alltag begegnen uns ständig Situationen, in denen wir *intuitiv* reagieren – dank der Amygdala.

Nun wäre es aber fatal, wenn alles, was uns begegnet, von der Amygdala mit Flucht oder Kampf beantwortet werden würde. Stell dir vor, dein Kind kommt hinter einer Tür hervorgesprungen und ruft »Buh!« – und du fährst intuitiv deine Faust aus, weil du dich bedroht fühlst. Das würde das Leben kompliziert machen. Doch genau in dieser Gefahr stehen kleine Kinder. Weil ihr Gehirn noch nicht so entwickelt ist, dass sie ihre emotionalen Reaktionen steuern können, reagieren sie oft so, als ginge es um Leben und Tod. Ihnen fehlt eine Fähigkeit, die in Fachkreisen *Impulskontrolle* oder auch *Affektsteuerung* genannt wird. Diese entsteht vor allem dadurch, dass unser Großhirn mit der Amygdala verbunden wird. Ist diese Verbindung ausreichend gewachsen, dann funktioniert nicht nur der Umgang mit Impulsen bzw. Affekten besser, sondern auch höhere kognitive Leistungen wie Prioritätensetzung oder Abwägen von Konsequenzen. Das Problem: Die Verbindung zwischen Amygdala und Großhirn entwickelt sich frühestens ab dem sechsten Lebensjahr.

Eine emotionale Reaktion des Kindes, also ein Wutanfall, kann vor allem nicht mit logischen Argumenten beendet werden. Doch immer, wenn wir in solch einem Falle drohen, darauf hinweisen, dass sich andere Leute gerade gestört fühlen oder erklären, wie blöd wir das Verhalten gerade finden – sprechen wir den Verstand des Kindes an. Die für die Emotion zuständige Amygdala hat aber keine ausreichend starke Verbindung zum Großhirn, das für logisches Denken zuständig ist. Und dies gilt eben nicht nur für kleine Kinder bis sechs Jahre. Denn in diesem Alter beginnt erst der Prozess des Wachstums dieser Verbindung. Ihr vollständiger Ausbau zieht sich lange hin und wird erst mit Anfang oder Mitte 20 vollständig abgeschlossen. Das heißt, selbst bei Zehn- oder Zwölfjährigen kann das logische Denken noch äußerst herausfordernd sein. Es lässt sich also hirnphysiologisch begründen, weshalb Jugendliche mitunter so dumme bzw. *unlogische* Entscheidungen treffen – aus Erwachsenensicht: Sie können ihr Großhirn nicht wie Erwachsene nutzen und entsprechend wenig vernünftig und vorausschauend Handeln.

Hat ein Kind einen Wutanfall, dann hilft es ihm vor allem, wenn es sich *gefühlt fühlt*, wie es Daniel Sigel und Tina Payne Bryson vorschlagen.[35] Das bedeutet, Eltern sollten versuchen, die Kinder fürsorglich zu trösten und sie dabei an den Schultern liebevoll zu berühren bzw. gegebenenfalls in den Arm zu nehmen. Dadurch beruhigt sich die Amygdala und die Erwachsenen können sich mit den Kindern emotional verbinden. Noch einmal: Ein Kind wird in diesem Moment komplett von Emotionen gesteuert, weshalb man nur über diese kommunizieren kann. Fühlt sich das Kind gefühlt (und eben nicht *verstanden*), kann man die Aktivität der emotionalen Kreisläufe beruhigen, indem man die Gefühle benennt. Zum

---

[35] Siegel, Daniel J.; Payne Bryson, Tina (2015): *Achtsame Kommunikation mit Kindern. Zwölf revolutionäre Strategien aus der Hirnforschung für die gesunde Entwicklung Ihres Kindes*. 3. Aufl. Freiburg, Br.: Arbor-Verlag. S. 43 und 68-70.

Beispiel: »Du hast dich gerade richtig geärgert, weil du nicht wolltest, dass der andere Junge den Ball nimmt, oder?«

So verständlich die Erklärung erscheinen mag, weshalb gerade kleinere Kinder nichts für und gegen Wutanfälle tun können, so herausfordernd ist es doch, ruhig zu bleiben. Viele Eltern kennen den Impuls, den anscheinend *unlogischen*, aber heftigen Wutanfällen mit Härte begegnen zu wollen. Sie wollen dann den starken Willen des Kindes brechen (zum Beispiel indem sie drohen). Da sich die Kinder aber in diesem Moment in einer Art Leben-oder-Tod-Situation befinden, befeuert jegliche Gegenwehr nur noch mehr ihren Drang, energischer um ihr Recht zu kämpfen. Deshalb braucht es umso bessere Methoden der Eltern, diese Extremsituationen zu beenden – oder gar nicht erst entstehen zu lassen. Die folgende Methode ist dafür die wohl am besten geeignete.

Ablenkung

Wenn Kinder in Situationen hochemotional sind, dann befinden sie sich in einer Art Film, aus dem sie kaum ausbrechen können. Die Amygdala hat die Kontrolle übernommen und möchte diese nicht so schnell wieder hergeben. In solchen Momenten Lösungen zu finden, die Eskalation abwenden und dabei eine Win-Win-Situation schaffen, ist sehr schwierig.

Doch nicht nur die heftigen Wutanfälle sind eine besondere Herausforderung. Immer wieder kommt es zu

Situationen, in denen das Kind etwas tun *muss*, sich dabei aber strikt weigert – mitunter ohne große Emotion, aber mit großem Widerwillen. Denken wir nur mal an eine Medizin, die zur Heilung notwendig ist, die aber verweigert wird. Auch hier stellt sich die Frage: Was kannst du tun, dass dein Interesse bedient wird, dein Kind aber nicht in eine Ohnmachtssituation kommt?

Wir haben anhand des kindlichen Gehirns schon gesehen, dass Logik und Druck keine wirksamen Hilfen bei kleineren Kindern sind. Was es vielmehr braucht, ist, das gegenüber seinem (emotionalen) Verhalten selbst meist wehrlose Kind so zu *lenken*, dass es seinen eigenen trotzigen Willen unbemerkt »vergisst«. Eine perfekte Strategie zum Erreichen der Ziele in solchen Momenten ist die *Ablenkung*. Wie der Name bereits deutlich macht, lenkt sie den kindlichen Fokus weg von der von ihm gewünschten Sache hin zu etwas anderem. Dabei kommt es nicht zum Zwang, sondern zum Führungsangebot deinerseits, dem das Kind folgen kann. Allerdings bemerkt es oft gar nicht, dass es abgelenkt wird, eben *weil* es abgelenkt wird. Das macht die Kunst dieser Methode aus.

Wie sieht *Ablenkung* nun konkret aus? Stellen wir uns vor, es ist Winter. Kurz bevor ihr morgens die Wohnung verlasst, soll dein Kind natürlich eine Jacke anziehen. Doch dein Nachwuchs weigert sich und bekommt stattdessen einen Wutanfall. Was kannst du tun? Dass weder logisches Argumentieren noch gewaltsames Anziehen etwas bringen, müssen wir nicht weiter ausführen. In diesen Situationen kann eine Ablenkung darin bestehen, das

Kind in ein Gespräch zu verwickeln. Ich fange gegenüber meinen Kindern dann einfach an, mit etwas dramatischer Stimme zu sagen: »Soll ich dir mal etwas erzählen? [die Frage ist rhetorisch, also keine Pause lassen!] Heute wird es regnen und du weißt doch, wofür das gut ist, oder? Natürlich, die Pflanzen …« Letztendlich muss das Gesagte für kleine Kinder keinerlei sinnvollen Inhalt haben. Denn in dem Moment, in dem ich sie etwas frage, habe ich kurz ihre Aufmerksamkeit und indem ich dann etwas erzähle, sind sie abgelenkt. Ihre Amygdala hat durch eine einfache Überraschung eine kurze Auszeit bekommen und mittels meiner Erzählung führe ich die Kinder unbemerkt weg vom Wutanfall. Wichtig ist, dass wir diesen Moment nutzen: Während wir reden, sollten wir parallel handeln, indem wir dem Kind die Jacke anziehen. Beenden wir die Geschichte zu früh, kann es sein, dass das Kind wutentbrannt die Jacke ausziehen möchte. Deshalb ist es gut, die Geschichte so lange zu erzählen, bis sich die Situation entspannt hat oder neue Gesprächsthemen aufgegriffen werden können.

Wie anhand der Erwähnung von notwendiger Medizin ersichtlich wurde, geht es nicht immer darum, Wutanfälle zu beenden, sondern kann auch darum gehen, ein scheinbar unverrückbares, ruhig geäußertes »Nein!« zu überwinden. Wenn sich dein Kind also keine Jacke anziehen möchte, dabei aber nicht schreit, sondern eher wegrennt, kann eine weitere Form der Ablenkung von großem Nutzen sein, die eng mit spielerischer Erziehung verbunden ist. Auch hierbei kommt deiner Stimme eine entscheidende Rolle zu. Mit einem gewissen Pathos sagst du plötzlich: »Okay, jetzt habe ich aber eine wirklich schwere Aufgabe für dich: Du musst die wichtigste Entscheidung des Tages treffen – und nur du allein kannst das tun! Welche Jacke soll es sein: die rote, die grüne oder gar die bunte?« Oder du zeigst urplötzlich ein übertrieben trauriges Gesicht und sagst: »Ich habe eine schlechte Nachricht für dich: *Du* musst nun eine wichtige Entscheidung treffen – leider kann ich dir dabei nicht helfen. Willst du die schwarze oder die bunte Jacke?«

Fasziniert von der Dramatik, die du dadurch schaffst, bewegt sich dein Kind nun auf angenehme Weise in einem Rahmen, den du gesetzt hast. Denn nun geht es nicht mehr um *Jacke oder nicht*, sondern unbemerkt um *Welche Jacke soll es sein*. In diesem – durchaus humorvoll gestalteten – Moment legst du eine andere Diskussionsgrundlage fest und lenkst dein Kind von seinem ursprünglichen Gedanken *gar keine Jacke* ab. Das wirkt häufig Wunder.

An dieser Stelle sei der Hinweis erlaubt: Gib maximal drei Optionen zur Auswahl. Studien haben gezeigt, dass zu viele Auswahlmöglichkeiten Kinder überfordern und demotivierend wirken. Um abzulenken, ist weniger also häufig mehr.

Alternativen zu bieten, ist auch auf andere Weise ein wichtiges Element. Wir machen häufig den Fehler, gerade auch größeren Kindern zu sagen, was sie *nicht* machen sollen und wundern uns dann, dass sie es trotzdem tun. Du kannst das bei dir selbst feststellen. Wenn ich dir sage: »Denk nun nicht an einen Baum!« – was passiert? Wahrscheinlich erschien vor deinem geistigen Auge ein Baum. Dies liegt daran, dass unser Gehirn Wörter wie *nicht, nein, keine* nur schwer verarbeiten kann. Der Fokus wird automatisch auf Handlungen und die in eine Handlung einbezogenen Personen oder Objekte gelegt – also auf den *Baum.* Genauso geht es Kindern: Wenn du sagst, was sie *nicht* tun sollen, hört das Gehirn vor allem die Handlung – die ja eigentlich unterlassen werden soll. Vermeide es also zu sagen: »Schieß den Ball nicht gegen die Scheibe!« Achte darauf, stattdessen immer positive Anweisungen zu geben, zum Beispiel: »Versuch doch mal, mit dem Ball die Mülltonne zu treffen!« Damit verbietest du gar nicht die eigentliche Handlung – das Treffen der Scheibe –, sondern führst unbemerkt dein Kind zu dem, was es tun soll. Dies ist eine besonders wirksame und versteckte Form der Ablenkung.

Allerdings ist es nur menschlich, dass wir intuitiv zuerst sagen, was das Kind nicht tun soll: »Hör auf, deinen Bruder zu ärgern«, »Renn nicht weg« oder »Male nicht an die Wand«. Ein Verbot in eine positive Anweisung umzuwandeln, ist nicht leicht. Was dabei helfen kann, ist die *Nicht-Nicht-Sondern-Methode.* Da wir häufig aus unserer Emotion heraus sagen, was nicht gemacht werden soll, können wir uns einfach angewöhnen, ein *Sondern* an den Satz anzuhängen: »Schrei hier nicht so rum, sondern sag mir bitte ruhig, was du möchtest.« Unsere Emotionen müssen raus, weshalb es schwierig ist, unsere Forderung nur als positive Anweisung zu formulieren. Darum ist ein *Sondern*-Nachsatz eine gute Hilfe.

Dieses Aufzeigen von Alternativen beinhaltet einen wesentlichen Aspekt von Erziehung, den wir bereits besprochen haben und bei der nächsten Methode noch intensiver betrachten werden: Führung. In dem Moment, in dem du Alternativen vorschlägst, lenkst du dein Kind. Mit einem Verbot nimmst du immer nur eine Option weg. Dass nun noch zig andere möglich sind, überfordert das Kind vielleicht, so dass es zurück zur vertrauten will. Sobald du aber eine neue Alternative vorschlägst, wird das Kind viel wahrscheinlicher diese aufgreifen.

Deshalb ist es so wichtig, immer Alternativen zum unliebsamen Verhalten parat zu haben. Zu jedem »Nein« solltest du sofort eine Alternative nennen. Wenn dein Kind fragt: »Mama, kriege ich ein Eis?«, dann solltest du nicht einfach nur verneinen, sondern sagen: »Nein, aber wir können später, wenn du mich daran erinnerst, ein paar Gummibärchen essen.« Damit nimmst du das kindliche Bedürfnis wahr, gehst darauf ein und vermeidest starke Frustration, weil du eine gute Alternative in Aussicht stellst. Und wenn du Glück hast, vergisst das Kind deine Worte wieder – aber das ist ein anderes Thema.

Führung zurückerobern: die paradoxe Intervention

Kinder und Eltern haben eine natürliche Beziehung. Daraus folgt, dass Kinder natürlicherweise ihren Eltern folgen wollen. Daraus wiederum folgt, dass Kinder unweigerlich geführt werden wollen – und müssen. In einer perfekten rosaroten Elternwelt gäbe es an der Stelle nichts weiter zu sagen. Die Realität zeigt aber: Dieses kindliche Bedürfnis nach Führung läuft alles andere als reibungslos ab. Kinder lösen regelmäßig bei ihren Eltern Gereiztheit aus, eben weil sie sich nicht führen lassen. Warum ist das so?

Allem voran möchten Kinder herausfinden, wer ihre Eltern eigentlich sind. Provokant zu sein und die Eltern zu lieben bzw. nicht zu gehorchen und trotzdem den Wunsch nach Führung zu haben, sind also keine Widersprüche, sondern unausweichliche Folgen: *Weil* Kinder die Erwachsenen so sehr lieben, wollen sie sie besser kennenlernen. Gerade wenn Eltern sehr viel vortäuschen, zum Beispiel indem sie sich hinter Prinzipien oder Regeln verstecken, muss herausgefunden werden, wie der wahre Kern aussieht. Dies geschieht am besten durch Provokationen. Denn dabei fahren Eltern nicht selten richtig aus der Haut und zeigen ihre wahren Gefühle. Und unsere Kinder sind uns haushoch überlegen darin, unsere Schwächen und Unsicherheiten zu erspüren und auszunutzen. Das heißt, sie scheinen Antennen speziell dafür zu haben, wie sie uns am besten dazu bringen können, aus der Haut zu fahren.

Dabei geht es auch um Selbstwirksamkeit. Kinder wollen erfahren, was sie in uns auslösen können. All das ist im kindlichen Sinne wieder ein Spiel – auch wenn es sich für die Erwachsenen ganz anders anfühlt. Grund dafür, so haben wir gesehen, ist, dass Kinder ihr Leben noch nicht in das große Entweder-Oder zwischen Spiel und Ernst geteilt haben. Deshalb macht es Kindern also Spaß, uns aus der Haut fahren zu lassen – es ist ein Spiel, um uns mehr zu erforschen.

Nun spricht grundsätzlich nichts dagegen, offen und ehrlich Gefühle – und dabei speziell Ärger und Wut – zu zeigen. Diese authentischen Äußerungen sind für die Beziehung zum Kind, aber auch für dessen Lernprozess, ungemein wichtig. Kritisch wird es nur dann, wenn wir uns in einer kindlichen Provokation nicht mehr unter Kontrolle haben. Wenn es dem Kind also gelingt, uns derart zu reizen, dass wir Reaktionen zeigen, die wir selbst nicht wollen und/oder die sich verselbstständigen, dann ist ein kritischer Punkt erreicht. Denn dann übernimmt das Kind die Führung und wir sind ihm ausgeliefert.

Noch einmal: Auch wenn Kinder keine Sadisten sind, ist es keineswegs erstrebenswert, dass sie die Eltern führen. Denn die *Eltern* haben einen Erziehungsauftrag, nicht die *Kinder*. Verschieben sich hierbei aber die Rollen, empfinden Eltern ein Ohnmachtsgefühl. Das ist nicht nur unangenehm, sondern führt meist zu einem grundsätzlichen Empfinden von Überforderung und Versagen. Was daraus folgt, ist entweder passive Resignation – Eltern lassen Kinder einfach alles machen – oder übertriebe Härte – Strafen, Strafen, Strafen –, um mit aller Macht das Ruder zurückzubekommen.

Dass Resignation nicht richtig sein kann, muss nicht weiter erörtert werden. Ich möchte stattdessen die weit häufigere, zweite Variante genauer beleuchten. Treten Eltern nun plötzlich äußerst dominant auf, dann wird dies meist begleitet von Sätzen wie »Wir haben dir viel zu lange alles durchgehen lassen. Ab heute weht ein anderer Wind!« oder »Wir müssen jetzt mal richtig durchgreifen!« Und dann geht es los: Drakonische Strafen aller Art werden mit Eiseskälte ausgesprochen. Natürlich kann dies nicht gut gehen. Das Kind wird zunächst eingeschüchtert sein und in den Verteidigungsmodus gehen. Tatsächlich hat nun aber ein offener Kampf begonnen. Es wird um Recht, Rache, Flucht, Austricksen und ähnliches gehen. Kann jemand das wollen? Wenn wir bedenken, dass Kinder im Grunde geführt werden wollen, ist es absurd, solche Härte anzuwenden, um sich den eigenen Führungsanspruch zurückzuerobern – wenngleich es aus der Verzweiflung heraus natürlich verständlich ist. Wir wollen versuchen, es gar nicht erst so weit kommen zu lassen, sondern vorher versuchen, die Führung zu behalten.

Im Idealfall behalten Eltern immer die Kontrolle über die jeweilige Situation – nicht nur im Konfliktfall. Natürlich bedeutet das nicht, dass es ausschließlich um die Wunschvorstellungen der Erwachsenen geht. Vielmehr können Eltern auch dann führen, wenn vermeintlich die Kinder das Heft des Handelns in der Hand haben.

Das möchte ich mithilfe eines Beispiels erklären: Vielleicht gelingt es deinem Kind in einer Situation, dir noch ein drittes Stück Schokolade abzuschwatzen, obwohl du das eigentlich nicht befürwortest. Hast du nun die Kontrolle verloren? Nicht unbedingt. Denn ein guter

Gradmesser dafür, ob eine Situation noch nach deinem Willen läuft, ist folgender: Hast du das Gefühl, »ja« zu sagen, weil du Angst hast, dein Kind zu enttäuschen oder es wütend zu machen, obwohl du tief in dir eigentlich »nein« meinst? In diesem Falle sagst du »ja« zum Kind, aber »nein« zu dir selbst. Dann führt dein Kind dich und du hast tatsächlich die Kontrolle verloren. Wenn du hingegen »ja« sagen kannst, weil du es als Ausnahme in Ordnung findest (auch wenn das dritte Stück Schokolade vielleicht nicht deine Idealvorstellung ist), dann hast du alles unter Kontrolle. Das bedeutet, nur weil es nicht immer nach deinem Kopf geht, kann die Situation so sein, dass du dich trotzdem gut – oder nicht schlecht – damit fühlst. Wenn du dann dem kindlichen Treiben nachgibst, steuerst du nach wie vor.

Woran kann man im Alltag noch, neben dem eigenen Gefühl, erkennen, wer das Ruder in der Hand hat? Eine einfache Faustregel lautet: *Wer agiert, führt, wer reagiert, wird geführt.* Ich behaupte, man kann pauschal davon ausgehen, dass es in jedem Konflikt, bei dem ein Kind einen starken Willen zeigt, darum geht, dass es die Erwachsenen zum Reagieren zwingen möchte. Denk nur einmal an den Klassiker: das auf dem Boden liegende, schreiende Kind im Supermarkt. In dem Moment, in dem du unruhig oder besonders ärgerlich wirst, *reagierst* du. Dein Kind weiß genau, dass dir diese Situation unangenehm und peinlich ist und dadurch zwingt es dich zu einer unüberlegten Handlung. Das Kind führt und gewinnt! Obwohl ich von

»zwingen« und unschönen Szenen spreche, betrachte ich das kindliche Treiben nach wie vor als Spiel.

Du kannst auch an das tägliche Zu-Bett-Gehen denken. Jeden Abend diskutiert dein Kind erneut mit dir, dass es länger wachbleiben möchte. Und jeden Abend regst du dich wieder darüber auf und bekommst schlechte Laune. Was passiert? Dein Kind agiert, indem es deine Entscheidung anzweifelt, und du reagierst so, wie es das Kind erwartet.

Wie also kannst du dich in einer hochemotionalen Situation, in der dich dein Kind erwartungsgemäß in den Wahnsinn treibt, so verhalten, dass du *agierst* und dein Kind *reagieren* muss, so dass du die Führung übernimmst? Und vergiss nicht: Optimalerweise geschieht dies so, dass dir dein Kind freiwillig folgt.

Ganz gleich, ob dein Kind im Bus einen Schreianfall bekommt, um dein wahres Selbst zu entdecken oder ob es sich im Supermarkt auf den Boden wirft, um ein Eis zu erpressen – es spekuliert unbewusst darauf, dass du drehbuchmäßig *reagierst*. Die wohl beste Weise, um aus deiner reagierenden Position eine agierende zu machen, ist, das Drehbuch zu ändern – und zwar spontan und unerwartet. Die optimale Methode hierfür ist die *paradoxe Intervention*.

Wenn es dir gelingt, in einem solchen Moment etwas zu machen, das völlig unerwartet kommt (z. B. im Supermarkt ekstatisch zu einem Produkt rennen, im Bus hektisch sagen, das Kind soll den Stopp-Knopf drücken o. ä.), dann wäre dein Kind vermutlich derart überrascht, dass es zumindest kurz aufhören würde, selbst zu schreien und stattdessen zu schauen, was du da veranstaltest. In diesem Moment hast du das Heft zurückbekommen, denn dein Kind muss nun reagieren.

Das ist der alles entscheidende Moment der Zurückeroberung deiner Führungsrolle. Warum? Erinnern wir uns noch einmal, was bei einem Wutanfall im kindlichen Gehirn passiert: Die Amygdala übernimmt die Kontrolle, da sie meint, im Überlebensmodus zu sein. Da die Verbindung zum Großhirn noch nicht so existiert, dass es willentlich beruhigend eingreifen kann, gibt es keine aktive Steuerungsmöglichkeit, um die Amygdala zu bremsen. Der Film läuft! Um nun aber zu erreichen, dass die Amygdala ihren Überlebensmodus beendet und das Großhirn wieder die Steuerung übernehmen kann, braucht das Gehirn Hilfe. Genauer gesagt: Es braucht ein Überraschungsmoment, das stark genug ist, die Amygdala abzulenken. Und genau diese Überraschung liefert eine paradoxe Intervention. Sie verblüfft das Kind so sehr, dass der Film schlagartig beendet wird. Ist dieser Punkt erreicht, ist es möglich, dem verdutzten Kind Alternativen vorzuschlagen (z. B. attraktive Gegenvorschläge zu Schokolade) oder Erklärungen zu geben, warum ein solches Verhalten peinlich ist oder spielerisch zu erziehen (indem beispielsweise ein kleiner Wettbewerb initiiert wird) etc. Der turning point ist das Überraschungsmoment, das das Drehbuch über den Haufen wirft.

Paradoxe Interventionen befreien das Kind aus seinen Automatismen (wie zum Beispiel bei einem Wutanfall im Supermarkt). Aber sie geben den Erwachsenen auch die Möglichkeit, bewusst provozierende Kinder zum Reagieren – und damit zum Geführtwerden – zu bringen. Dabei funktioniert dieses Vorgehen aber nur, wenn es wirklich paradox und damit unerwartet ist. Wendest du immer wieder die gleiche Verhaltensweise in Situationen an, in denen dein Kind äußerst emotional auf seinen Willen besteht, wird diese nach kurzer Zeit nichts mehr bewirken. Hier braucht es Kreativität.

Das Prinzip der *paradoxen Intervention* ist ein weitverbreitetes. In der lösungsfokussierten Kurzberatung geht man davon aus, dass sich Konflikte häufig deshalb über Monate und Jahre hinziehen, weil sich die Beteiligten stets auf die gleiche Weise verhalten. Wenn Person A das tut, dann reagiert Person B so darauf. Die Reaktion von B löst aber wiederum das Verhalten von A aus usw. – ein Teufelskreis. Beraterinnen und Berater schlagen für einen solchen Fall vor, wie weiter oben schon einmal erwähnt, einfach etwas anders zu machen – ganz egal was und ganz egal, wie absurd es ist. Der Gedanke dahinter ist: Verhält sich eine beteiligte Person anders, werden die anderen in ihren Automatismen unterbrochen und gezwungen, bewusst zu reagieren. Dieses *einfach einmal etwas anders machen* ist nichts anderes als eine paradoxe Intervention.

Mit dem Latein am Ende

Über das Setzen von Grenzen

Wir sind bis hierher zwei Annahmen gefolgt: Die erste besagte, dass der Großteil der Erziehung ohne Regeln, allein auf Basis einer intakten Beziehung vonstattengehen kann. Die zweite Annahme ging davon aus, dass es Situationen und Bedingungen geben kann, bei denen der Einsatz der Beziehung allein nicht ausreicht, so dass andere Methoden nötig sind, um Verhaltensänderungen auf freiwilliger Basis zu bewirken. Wie man mit diesem Handwerkszeug Win-Win-Lösungen schafft, haben wir in diesem Kapitel ausführlich besprochen.

Die allermeisten Konflikte lassen sich mit der Anwendung dieser beiden Annahmen bewältigen. Doch natürlich bleibt ein kleiner Rest an Situationen, in denen weder die Beziehungskarte noch die beschriebenen Methoden ausreichen, um Kinder zu führen. In diesen – und nur in diesen! – Momenten müssen wir uns wohl oder übel eingestehen, dass das beschriebene Ideal nicht erfüllt werden kann. Das heißt, es müssen dann Methoden benutzt werden, die nicht auf die Freiwilligkeit des Kindes Rücksicht nehmen und deshalb eher Win-Lose-Lösungen schaffen. Das fühlt sich oft derart doof an, dass es sich am Ende wahrscheinlich sogar um Lose-Lose-Lösungen handelt. Doch in diesen Situationen hilft anscheinend alles nichts – dann sind wir mit unserem Latein am Ende!

Was kann in Momenten getan werden, in denen gewaltfreie pädagogische Methoden an ihre Grenzen kommen? Unvermeidbar ist hierbei das autoritäre Setzen von Grenzen. Das bedeutet, die Erwachsenen machen klare Ansagen, was zu tun oder zu lassen ist, und stellen mit allen notwendigen Methoden sicher, dass diese Grenzen eingehalten werden (zum Beispiel durch Drohen oder physisches Einwirken).

Solch ein Vorgehen kann natürlich absolut notwendig, gut und legitim sein, denken wir nur an ein Kind, das am offenen Fenster spielt oder an eine völlig erschöpfte Mutter, deren Kind gegen Mitternacht immer noch nicht schlafen möchte. Im Falle des Fensters ist ein schnellstmögliches physisches Wegziehen notwendig, im Falle des Nicht-Schlafens ist ein starkes und vermeintlich rücksichtloses Grenzensetzen nötig – mindestens zum Selbstschutz der Mutter.

Wichtig zu beachten dabei ist, dass das Setzen von Grenzen nicht als ein Schwarz-Weiß-Prozess zu verstehen ist. Denn obwohl das Kind dadurch in eine Ohnmachtsstellung gebracht wird, können Grenzen auf gute und schlechte Weise gesetzt werden. Das *Wie* entscheidet also darüber, ob das autoritäre Vorgehen als negativ oder vielleicht sogar als gewinnbringend empfunden wird.

Wünsche äußern statt Grenzen setzen

Häufig hört man, wie wichtig Grenzen für Kinder seien. Dabei findet sich immer ein ähnliches Bild, das das Vorgehen begründet: Grenzen seien wie Leitplanken, an denen sich Kinder orientieren können und durch die sie Sicherheit bekämen. In diesem Sinne müsste man allerdings auch Gefängnisgitter als schützend interpretieren, was im Ergebnis vielleicht so sein kann, doch nur zu dem Preis, dass wahrscheinlich der Wille der eingesperrten Person gebrochen wurde.

Viele Eltern scheinen die Erfahrung zu machen, dass Grenzen tatsächlich hilfreich sind – ob sie zu den eigenen Zielen und Idealen passen, ist eine andere Frage. Obwohl Grenzen Kinder immer zu etwas zwingen und langfristig nicht hilfreich sind, ist doch aufgrund ihrer gelegentlichen Notwendigkeit zu überlegen, worauf beim Setzen der Grenzen zu achten ist. Gibt es eine Möglichkeit, Grenzen in den besprochenen Extremsituationen so zu setzen, dass sie das Kind möglichst wenig klein machen und seinen Willen brechen? Ja, die gibt es! Lies dir folgende Ansagen durch und schau, wie sie auf dich wirken:

Ansage 1: »Du hörst jetzt sofort auf, hier herumzuschreien!«

Ansage 2: »Ich möchte, dass du jetzt sofort aufhörst, hier herumzuschreien.«

Wie wirken die beiden Ansagen auf dich? Welche Gedanken gehen dir nun durch den Kopf? In meinen Augen macht Ansage 1 ein Kind klein. Sie setzt von oben herab eine Grenze, die das Kind bevormundet und einengt. Ansage 2 hingegen setzt eine persönliche Grenze. Hierbei geht es im eigentlichen Sinne gar nicht darum, dass das Kind zu etwas gezwungen wird, sondern die handelnde Person äußert nur einen Wunsch. Natürlich bezieht sich dieser auf eine Verhaltensänderung, aber es ist – bei gleichem Inhalt! – letztendlich erst einmal nur eine Aussage darüber, was sich die Person wünscht. Wünsche haben die Eigenschaft, dass sie erfüllt oder nicht erfüllt werden können. Diese Eigenschaft teilen Wünsche mit bittenden Fragen, doch sind die Wünsche klarer und entschiedener. Würde also die Ansage lauten: »Hörst du jetzt mal bitte auf, hier herumzuschreien?«, wäre dies nicht sehr überzeugend. Wünsche sind hingegen direktiver, wenngleich sie eben dem Kind die Möglichkeit lassen, ebenfalls einfach »nein« zu sagen. Das Kind hat also nach wie vor das Gefühl, selbst entscheiden zu können. Demnach wird es nicht bevormundet, sondern behält seine Freiheit. Die Mutter oder der Vater arbeitet dabei außerdem mit der Beziehungskomponente, indem *sie* bzw. *er* einen eigenen Wunsch äußert. Das heißt, es werden nicht willkürliche, abstrakte Grenzen gesetzt, sondern nur ein Stück der eigenen Persönlichkeit offenbart.

Wenn wir als Eltern auf diese Weise mit Kindern sprechen und ihnen Ansagen machen, dann bedeutet das nicht automatisch, dass sie deshalb sicher gehorchen. Doch wird der Widerstand des Kindes vermutlich geringer sein. Es fühlt sich dadurch mit großer Sicherheit wertgeschätzter, da seine Autonomie nicht angegriffen wird. Es wird also nicht klein gemacht, sondern im Grunde sogar größer – da es gesehen und seine Selbstständigkeit respektiert wird.

Sagen wir also statt »Schrei nicht so herum, ich halte das nicht mehr aus!« lieber »Ich bitte dich, mit dem

Schreien aufzuhören, weil mir schon der Kopf wehtut«, dann kommunizieren wir allein *unsere* Grenze, die das Kind respektieren kann oder nicht. Damit setzen wir im Letzten nicht dem Kind eine Grenze, sondern legen nur unsere offen. Dies ist ein essenzieller Unterschied.

Grenzen ziehen und Beziehung stärken

Nicht nur die Art der Grenzsetzung kann verbessert werden, noch ein anderer Aspekt kann in schier ausweglosen Situationen bedacht werden. Wie ich bereits mehrfach sagte, ist es bei Erziehung am wichtigsten, die Beziehung zwischen Erwachsenem und Kind nicht nur *nicht* zu beschädigen, sondern sie optimalerweise sogar zu stärken. Mit dem gewalthaltigen Setzen von Grenzen wird, wie gesehen, die Freiwilligkeit übergangen, doch muss das nicht automatisch bedeuten, dass die Beziehung leidet. Natürlich können und müssen wir manchmal Grenzen zum Unmut unserer Kinder setzen, aber dabei – oder realistischer: danach – können wir sie trotzdem in den Arm nehmen und trösten. Wir können ihnen sagen, dass wir verstehen, wie doof sich das für sie anfühlen oder wie schmerzhaft das für sie sein muss. Das wird in dem Moment des Konflikts kaum etwas mildern, aber es wird langfristig dazu führen, dass sich dein Kind merkt, dass du weder böse bist noch ihm schaden möchtest, sondern dass du auch in unausweichlich frustrierenden Situationen da bist, die Nöte deines Kindes siehst und dein Kind liebst. Das ist ungemein wichtig.

Manchmal kann es auch gut sein, im Nachhinein um Entschuldigung zu bitten. Dabei meine ich nicht, dass du jedes Mal, wenn du eine Entscheidung getroffen hast, die dein Kind frustriert, Abbitte leisten musst – mitnichten. Ich denke dabei eher an Situationen, in denen du aufgrund deiner eigenen Lage zu schwach warst, um dem Ideal nachzukommen, dein Kind dafür aber nichts kann und es die Lage trotzdem ausbaden muss. Dies könnte zum Beispiel dann vorkommen, wenn du das Kind zwingst, ruhig im Bett zu liegen, weil du aufgrund eines anstrengenden Tages einfach keine Kraft mehr hast. Dein Kind kann nichts für deinen Tag – vor allem dann nicht, wenn du arbeiten warst –, doch musst du dich natürlich selbst schützen und deshalb Grenzen ziehen und einhalten. Wie gut ist es dann, am nächsten Morgen zu sagen, dass es dir leidtut, dass du so ungeduldig warst und gedroht hast. Damit baust du trotz allem Beziehung und ziehst Gewinn aus einer Situation, in der du aus verständlichen Gründen wahrlich keine Win-Win-Lösung gefunden hast.

Ding Nummer 3:
Du hast es in der Hand

Warum Erziehung scheitert

Unter Tränen sagte sie: »Ich wollte nie so werden wie meine Mutter. Und jetzt sitze ich hier.« Die Mutter dreier Kinder im Alter von acht, sechs und drei Jahren saß mir gegenüber und gestand, dass sie ihrem achtjährigen Sohn eine Ohrfeige gegeben hatte. Er sollte seine dreckigen Fußballklamotten in den Wäschekorb räumen, doch auch mehrfache Ermahnungen nutzten nichts. Stattdessen wurde er immer frecher. Als er begann, seine jüngeren Geschwister zu erpressen, sie sollten seine Kleidung wegräumen, platzte der Mutter der Kragen. Sie schlug ihn. Von sich selbst völlig schockiert, zog sie kurze Zeit später die Konsequenz und suchte Hilfe.

Sie erzählte nun, wie ihre Mutter früher immer wieder bei verschiedenen Anlässen zu gewaltsamen Methoden gegriffen hatte, sodass die drei Geschwister und sie selbst Opfer von Ohrfeigen und ähnlichem waren. Natürlich litt sie darunter, weshalb sie sich schwor, niemals selbst auf Gewalt zurückzugreifen. Nun war es aber doch passiert und sie schämte sich sehr.

Bisher ging es in diesem Buch um viel Theorie. Man könnte meinen, die eigenen langfristigen Ziele zu kennen, zu wissen, dass die eigene Vorbildrolle langfristig zu Erfolg führt, den Fokus auf eine gute Beziehung zu legen und genügend Methoden zu kennen, die Win-Win-Lösungen schaffen, müsste ausreichen, um erfolgreich zu erziehen. Die Realität hingegen zeigt, dass dies nicht stimmt. Denn wie am Beispiel der Mutter deutlich wurde, klafft häufig eine Lücke zwischen Theorie und Praxis.

Wir können die besten Vorsätze haben (und die haben wir garantiert alle), wenn es hart auf hart kommt, schwimmen diese regelmäßig davon. Natürlich lehnen wir körperliche Gewalt – oder Drohungen, Bestechung etc. – innerhalb der Erziehung restlos ab, aber dann kommt beispielsweise das Zu-Bett-Bringen am Abend. Der Arbeitstag war lang und anstrengend, es ist schon spät und statt den Aufforderungen zum Zähneputzen und Umziehen zu folgen, rennt das Kind vor den Eltern weg, kippt die gerade eingeräumte Legokiste wieder um und ruft, dass es die blödeste Mama der Welt habe. Und obwohl sie vielleicht einige der im zweiten Teil des Buches vorgestellten Methoden versucht haben umzusetzen, fehlt den Eltern doch die Geduld oder sie rutschen in alte Denkmuster à la »Ein Kind muss doch auch einfach mal gehorchen« ab. Kurzum: Auch wenn sie felsenfest von gewissen guten Grundsätzen überzeugt sind, drohen Erwachsene doch wieder oder es rutscht ihnen im Affekt sogar die Hand aus!

Deshalb gibt es diesen dritten Teil, der buchstäblich den wichtigen Transfer von Theorie zu Praxis herstellen möchte. Denn diese Verbindung zu schaffen, ist die größte Herausforderung von Erziehung! Worum geht es bei diesem herausfordernden Transfer? Um nichts Geringeres als um Selbsterziehung.

Viele Eltern fragen sich dabei: Warum ist es eigentlich so schwer, das eigene Wollen in die Tat umzusetzen? Sich diese Frage zu stellen, geht oft einher mit der Hoffnung, dass die Antwort darauf das Problem löst. Die Idee ist also: Erkenntnis führt zu Erlösung. Und dann beginnen sie zu graben. Da wird die eigene Biografie erforscht, die Beziehung zu den eigenen Eltern analysiert, die eigene Kindheit beleuchtet, unbewusste Glaubenssätze bewusst gemacht und vieles mehr. Schnell vergeht dann ein halbes Jahr, ehe begonnen wird, an der eigentlichen Erziehung etwas zu bearbeiten. So gut eine solche Analyse auch sein mag, dieses Vorgehen werde ich im Folgenden nicht beschreiben. Ja, ich werde dir nicht zu einer Antwort auf die Frage verhelfen, warum es eigentlich so schwer ist, das eigene Wollen in die Tat umzusetzen.

Vielleicht bist du jetzt enttäuscht. Doch ich möchte dir erklären, warum ich die Antwort nicht wichtig finde und was ich stattdessen vorschlage. Ich glaube, dass die Erforschung eines jeglichen Warums in Erziehungsfragen ein viel zu großer Umweg ist. Eltern, die ein Coaching bei mir buchen, wollen Lösungen – und zwar schnell. Sie wollen nicht mehrere Monate analysieren, um dann irgendwann konkrete Änderungsideen zu bekommen. Nein, sie wollen sofort Besserung, weil sie *jetzt* Hilfe brauchen. Deshalb arbeite ich sowohl im Coaching als auch in diesem Buch mit einem lösungsfokussierten Kurzansatz. Es geht mir um direkte Lösungen, ohne den langen Umweg über eine Problemanalyse.

Steve de Shazer, der zusammen mit seiner Frau Insoo Kim Berg die lösungsfokussierte Kurztherapie entwickelte, sagte: »Über Probleme zu sprechen, schafft Probleme, über Lösungen zu sprechen, schafft Lösungen.«[36]

---

[36] »Problem talk creates problems, solution talk creates solutions.«

Aus diesem Grund lenkte er den Fokus seiner Klientinnen und Klienten stets auf mögliche Lösungen, statt dass sie lange klagten und sich in ihre Probleme vertieften. Denn es ist doch wie mit einem Magen-Darm-Infekt: Wenn wir damit zum Arzt oder zur Ärztin gehen, wollen wir nicht erfahren, wo wir uns diesen eingefangen haben oder wie er entstanden ist, sondern wir wollen ein Mittel, das uns schnell hilft bzw. uns die Situation möglichst erträglich macht. Um später so zu leben, dass die Krankheit nicht wiederkommt, mag es mitunter interessant sein zu ergründen, wo wir uns angesteckt haben, aber im Moment des Leidens ist dies nicht unser erstes Interesse. Wir wollen Lösungen!

Der entscheidende Punkt

Wusstest du, dass nur 10% unseres Glücks von äußeren Umständen abhängen?[37] Wenn wir also wieder einmal meinen, unser Job, unser Partner, unsere Partnerin, unsere Gesamtsituation oder unsere Kinder seien schuld daran, dass wir uns so mies, erschöpft und verzweifelt fühlen, dann wird das wohl nicht stimmen. Denn fast die Hälfte unseres Wohlbefindens (40%) wird durch unsere innere Einstellung und unsere bewussten Verhaltensweisen bestimmt – der Rest ist angeboren. Da wir unsere Gene – sagen wir es einmal vorsichtig – nur sehr schwer verändern können, dürfen wir jenen Teil an dieser Stelle

---

37 Senges, Eva (2016): *Ich will mich ändern, aber wie? Mit der inneren Landkarte Schritt für Schritt in ein neues Leben.* München: Kösel. S. 151.

getrost vernachlässigen. Fokussieren wir uns also darauf, wo wir selbst etwas machen können.

Im Grunde ist es egal, ob du 40%, 20% oder 90% deines Lebens statistisch gesehen selbst beeinflussen kannst. Wenn es dir gelingt, dein Leben in wichtigen Teilen so zu gestalten, dass du damit zufrieden bist, dann wird es dir gut gehen. Dazu gehört mitunter auch einfach, die unverrückbaren Elemente so zu betrachten, dass du etwas Gutes an ihnen findest. Denn egal, um welchen Aspekt deines Lebens es geht, du hast immer eine Wahl: entweder, wie du ihn gestalten, verändern bzw. mit ihm umgehen möchtest oder wie du ihn *sehen* möchtest.

Tatsächlich ändert mitunter schon eine andere *Sichtweise* eine schier ausweglose Situation. Erinnerst du dich an das Beispiel, bei dem die Eltern sich verzweifelt fragten, warum ihr Kind zuhause so anders, wilder ist, als es in der Kita oder Schule ist? Dieses Verhalten auf der Beziehungsebene zu betrachten und festzustellen, dass das Kind damit ausdrückt, dass es sich wohlfühlt, kann zu einer essenziellen Gelassenheit seitens der Eltern führen.

Doch selbst wenn eine andere Sichtweise nicht genügt, sondern wirkliche Veränderung geschehen muss, liegt alles in deinen eigenen Händen. Das ist gerade in Coachinggesprächen ein wichtiger Aspekt. Viele Eltern buchen ein Coaching, weil sie wollen, dass sich ihr Kind ändert. Da ich in der Regel nicht mit den Kindern arbeite und auch nicht mit ihnen spreche, ist es eine meiner ersten Handlungen, den Eltern zu verdeutlichen, dass ich einzig und allein mit ihnen über Dinge sprechen werde, die sie selbst ändern können. Das ist für einige völlig unverständlich. Aber mein Ziel ist es, mit den Eltern passende Verhaltensänderungen ihrerseits zu finden, von denen sie glauben, dass ihr Kind daraufhin wiederum sein Verhalten freiwillig ändert. Dabei müssen sie aktiv den ersten Schritt tun und hoffen, dass dieser eine Verbesserung der Situation – optimalerweise in Form einer Win-Win-Lösung – nach sich zieht.

So herausfordernd das zunächst auch sein mag, an sich selbst zu arbeiten, wo doch vermeintlich das Kind für das problematische Verhalten zuständig ist, so befreiend kann auch die Erkenntnis sein: Du hast es selbst in der Hand und bist nicht vom guten Willen deines Kindes abhängig.

Die Verantwortung für die erfolgreiche Erziehung liegt immer bei den Eltern. Noch konkreter: Wenn du das hier liest, liegt sie bei dir. Denn du bist der einzige Mensch, den du wirklich verändern kannst. Natürlich ist auch dein Partner bzw. deine Partnerin für eine gelingende Erziehung zuständig, aber auch sie bzw. ihn kannst du dazu nicht zwingen. Du kannst sie bzw. ihn einladen, an sich zu arbeiten, mit dir zusammen über Lösungen nachzudenken oder sich selbst zu informieren – ob er oder sie es aber macht, liegt nicht in deiner Hand.

Genauso wenig liegt die Tatsache in deiner Hand, ob sich dein Kind ändert. Eltern, die das anders sehen, greifen deshalb meistens auf eine Erziehung mit Belohnungen und Strafen zurück, weil sie damit ihr Kind zu einer Verhaltensänderung zwingen wollen. Damit geben sie nicht nur ihre eigene Verantwortung für Verbesserungen im Erziehungsalltag an das Kind ab, sondern versuchen etwas Unmögliches: eine dauerhafte Veränderung, die nicht freiwillig geschieht.

Doch fangen wir damit nicht schon wieder an. Halten wir stattdessen lieber fest: Der entscheidende Punkt dabei, wie Erziehung besser werden kann, lautet: *Erziehung ist zuerst Erziehung von dir selbst.*

Wenn es dir also gelingt, dich selbst, deine Wut, deine Ungeduld, deine Überlastung – dein/e […] – in den Griff zu bekommen und dadurch angemessene Lösungen für die unterschiedlichen Situationen zu finden, dann wird deine Erziehung gelingen. Du hast den Erfolg in der eigenen Hand. Das ist ein großes Privileg und eine entscheidende Möglichkeit. Und genau darum geht es in meinem Erziehungscoaching.

Crashkurs: Erziehungscoaching

In diesem Kapitel möchte ich dich einladen, ein imaginäres Erziehungscoaching bei mir zu besuchen. Ich erkläre dir, welche Arbeitsschritte ein solches lösungsfokussiertes Erziehungscoaching umfasst. Dies zeige ich anhand eines konkreten Anliegens. Wenn du ein anderes zu bearbeitendes Thema hast, dann nimm dir bitte ausreichend Zeit, die gestellten Fragen mit deinen eigenen Antworten zu füllen.

Was möchtest du erreichen?

Wenn der Erfolg der Erziehung einzig und allein bei dir liegt, dann hast du einen großen Vorteil: Du darfst festlegen, was du erreichen möchtest. Das heißt, du kannst ein gedankliches Bild malen, wie deine Wunschsituation zuhause aussieht.

Die Eröffnungsfrage einer lösungsfokussierten Kurzberatung – oder in unserem Falle: eines Erziehungscoachings – lautet: »Was führt dich hierher und was möchtest du erreichen?« Nachdem dann meist kurz das Thema – häufig *das Problem* – umrissen wurde, geht es darum, was die Klientinnen und Klienten wollen. Viele erzählen dann, was sie *nicht* wollen: »Nicht mehr so ungeduldig sein«, »Nicht mehr schreien«, »Nicht mehr völlig erschöpft abends ins Bett fallen« und ähnliches. Meine Aufgabe besteht dann darin, das Gesagte in »Ich möchte«-Sprache zu übersetzen. Das funktioniert in der Regel dadurch, dass ich frage: »Sondern?« Manchmal frage ich auch: »Du möchtest also stattdessen was?«

Nachdem nun einige Wünsche genannt wurden, geht es darum, einen ersten Wunsch konkret anzustreben. Im Grunde ist es dabei egal, welcher Aspekt thematisiert und bearbeitet wird. Auch wenn die Wünsche häufig sehr unterschiedlich sind, hängen sie doch miteinander zusammen. In der Regel endet ein erfolgreiches Coaching nach Erreichung *eines* angesteuerten Wunsches, weil sich dadurch die Gesamtsituation verändert.

Würdest du mir nun im Coaching gegenübersitzen, wie lautete deine Antwort auf die Frage: »Was möchtest du erreichen?«

Woran würdest du erkennen, dass es besser ist?

Vielleicht empfindest du es als Haarspalterei, intensiv danach zu fragen, was die Klienten und Klientinnen erreichen möchten, statt einfach stehen zu lassen, was sie nicht möchten. Doch das ist es nicht! In dem Moment, in dem wir uns klarmachen, was wir möchten, malen wir uns unseren Wunschzustand deutlich vor Augen. Wir sehen dann konkret, wo wir eigentlich hinwollen. Das müssen wir wissen. Wenn du ein Navigationssystem beim Autofahren nutzt, dann gibst du auch nicht ein, wo du *nicht* hinmöchtest. Nein, du brauchst die möglichst exakten Koordinaten deines Ziels, damit dir das Gerät helfen kann.

Nehmen wir an, deine Antwort auf die erste Frage würde lauten: »Ich möchte, dass das Anziehen der Schuhe mit meinem Kind morgens einfacher wird.« Das ist ein konkreter Wunsch. Nun würde ich dich im Coaching fragen, wodurch du merken würdest, dass das Schuheanziehen einfacher geworden wäre. Anders gefragt: »Was wären Zeichen dafür, dass das Anziehen besser funktioniert?« Alles, was du jetzt sagst, beschreibt deine messbaren Ziele. Du könntest sagen: »Es geht schneller«, »Es läuft ohne Geschrei ab«, »Mein Kind rennt nicht weg«, »Mein Kind diskutiert nicht ewig mit mir, sondern zieht einfach die Schuhe ohne Widerrede an«, »Ich bin entspannt und werde nicht wütend« usw. Woran auch immer du merken würdest, dass es einfacher ist – ich gehe fest davon aus, dass du eine konkrete Idee davon hast.

Ich hätte im Übrigen auch fragen können: »Einmal angenommen unser Gespräch hier würde dir irgendetwas bezüglich deines Themas bringen: Woran würdest du das in den nächsten Tagen merken?« Auch die Antworten auf diese Fragen bringen konkrete Besserungen ans Licht.

Zusätzlich könnte ich noch fragen: »Und woran würde dein Kind/ dein Partner/ deine Partnerin/ das ältere Geschwisterkind etc. merken, dass das Schuheanziehen einfacher geworden ist?« Nun würdest du ergänzend beschreiben, welche positiven Auswirkungen eine Änderung der anstrengenden Situation hätte. Auch das sind motivierende Vorstellungen.

Bei jeder Frage würde ich vermutlich nach einer oder zwei Antworten deinerseits noch ein paar Mal fragen: »Noch etwas?«, »Noch was?«, »Etwa noch etwas?«

Wie war es, als es besser war?

Sofern du alle für dich relevanten Merkmale aufgezählt hast, hast du dir ein plastisches Bild vergegenwärtigt, welches du erreichen möchtest. Doch natürlich ist dies bisher alles Wunschdenken. Nun suchen wir konkret nach Lösungen.

In meinen Coachingssitzungen gehe ich immer davon aus, dass die Lösungen in den Klientinnen und Klienten selbst liegen. In ihrem Inneren kennen alle ihren Weg zur Verbesserung. Meine Aufgabe besteht im Wesentlichen darin, den Fokus auf die entsprechenden Stellen zu lenken. Gewiss, manches Mal braucht es auch einen inspirierenden Vorschlag. Doch dieser wird niemals als gut und hilfreich – oder gar als »Lösung des Problems« – empfunden, wenn er nicht an eine eigene Erfahrung anknüpft. Passende Lösungen kommen niemals komplett neu von außen, sondern zapfen immer die eigenen Erfahrungen, Möglichkeiten und Neigungen an.

Deshalb würde ich in einem dritten Schritt fragen: »Gab es schon einmal einen Morgen, an dem das Schuheanziehen besser (vielleicht auch nur ein klein wenig) funktionierte?« Es gibt immer Momente, wo das als Problem beschriebene Verhalten weniger schlimm oder regelrecht zufriedenstellend gut war. Gegebenenfalls müsste ich übertriebener fragen: »Es war also immer, jeden Morgen, die totale Katastrophe?« oder »Oh, selbst als dein Kind ein Baby war, war das Anziehen schon eine Tortur?« oder »Selbst das Anziehen von Schlappen im Sommer, in die man nur hineinschlüpft, war ein Kampf?«

Dieses Fragen nach Ausnahmen wird unweigerlich dazu führen, dass dir auffällt, dass es gewisse bessere Momente gab. Mag sein, dass die sehr lange zurückliegen oder sich wirklich unter völlig anderen Umständen ereigneten. Doch das Erkennen solcher Ausnahmen ist wichtig. Denn dadurch wird deutlich, dass es Stellschrauben gibt, die zu einer Änderung beitragen. Und genau um solche geht es.

Nehmen wir einmal an, du würdest dich auf meine Frage hin, wann es einmal besser lief, erinnern: »Ja, ein paar Mal war es schon entspannter.« Dann käme eine entscheidende Frage: »Was war damals anders?« oder »Wie hast du das geschafft?« oder »Was hat die Situation begünstigt?«

Und nun würden dir vermutlich einige kleine Aspekte einfallen: »Wir hatten viel Zeit, deshalb war ich geduldig« oder »Ich habe mein Kind abgelenkt, indem ich eine Geschichte vorher und währenddessen erzählt habe« oder »Ich habe das Anziehen nicht angekündigt, sondern es bei unserer Unterhaltung einfach gemacht« oder »Wir haben um die Wette Schuhe angezogen« oder »Mein Kind war so voller Vorfreude, weil die Kita an dem Tag einen Ausflug geplant hatte« oder »Wir hatten neue Schuhe« oder, oder, oder.

Durch deine eigenen Beobachtungen entdeckst du nun bereits erfolgreich erprobte Lösungen. Manches davon ist heute vielleicht nicht mehr genauso zu verwenden, einiges vielleicht schon. Eventuell kannst du manches auch anpassen, zum Beispiel wirken Geschichten vielleicht nicht mehr ablenkend, dafür aber eine Diskussion über Fußball oder ein Gespräch über Weihnachtsgeschenke oder den vorliegenden Tag.

An dieser Stelle kannst du auch einmal darüber nachdenken, ob nicht eine Methode, die du im zweiten Teil des Buches kennengelernt hast, in vielleicht etwas abgewandelter Form bereits einmal funktioniert hat — oder funktionieren könnte, weil dein Kind darauf ganz sicher anspringen würde.

Wie wäre es nach einem Wunder?

Manche Klienten und Klientinnen brauchen für ihre Herausforderungen konkret ausgesprochene Lösungen. Mit diesen Eltern formuliere ich aufgrund ihrer irgendwann einmal erlebten guten Erfahrungen nun konkrete Möglichkeiten: »Also, probier doch bis zum nächsten Mal Strategie X, Taktik Y und Lösung Z aus und berichte mir darüber, was besonders gut funktioniert hat.« Damit ist die Stunde beendet. Wirklich kurz, oder?

Bei anderen Eltern habe ich den Eindruck, dass sie solch greifbare Lösungen gar nicht brauchen. Mit diesen Eltern arbeite ich mithilfe eines »Psychotricks«. Genauer gesagt, ich arbeite mit etwas, das für Steve de Shazers Vorbild Milton Erickson das alles entscheidende Element war: dem Unbewussten. Wie sieht das aus?

Hättest du darüber berichtet, wann und wodurch es dir schon einmal gelungen ist, dass das Anziehen einfacher war, würde ich einfach zum nächsten Punkt gehen. Das bedeutet, ich würde nicht die für dein Bewusstsein wichtige Lösungen wiederholen, sondern darauf vertrauen, dass dein Unbewusstes sich zukünftig daran erinnern wird, was geholfen hat. Wenn du das nächste Mal in der Situation bist, deinem Kind die Schuhe im Kampf anziehen zu müssen, dann wirst du automatisch etwas von dem tun, was dein Unbewusstes als erfolgreich abgespeichert hat.

Um diesen Effekt zu verstärken, würde ich einen weiteren Schritt mit dir gehen. Ich würde dich fragen, ob ich mit dir einmal ein ungewöhnliches Experiment wagen dürfte. Sofern du zustimmst, würde ich dir folgende Geschichte erzählen:

> Stell dir bitte vor, du legst dich abends ins Bett. Du bist müde vom Tag und schläfst sofort ein. Du schläfst tief und fest. Nichts stört dich. Du schläfst den Schlaf der Gerechten. Du bemerkst deshalb gar nicht, dass in dieser Nacht etwas Außergewöhnliches geschieht. Ein richtiges Wunder! Als du morgens aufwachst, ist dein Problem vollständig verschwunden. Woran merkst du als erstes, dass das Wunder geschehen ist? [Antwort abwarten] Und wie sieht dein Vormittag aus, nachdem das Wunder geschehen ist? [Antwort abwarten] Was machst du anders? [Antwort abwarten] Woran merken deine Kinder, dass ein Wunder passiert ist? Etc.

Nachdem du nun ausführlich von deiner Wundersituation erzählt und dabei einmal mehr detailreich beschrieben hättest, wie deine Wunschvorstellung aussieht, würde ich aus diesen Fantasien keinen konkret-bewussten Nutzen ziehen, sondern es deinem Unbewussten überlassen, damit zu arbeiten.

Auf einer Skala von 0 bis 10 …

Wir nähern uns bereits dem Ende des Coachings. Wenn die Wunderfrage funktioniert, dann wärst du nun vermutlich etwas beflügelt – immerhin fühlte sich der beschriebene Zustand äußerst gut an. Doch ich würde dich nicht auf Wolke sieben schwebend entlassen. Nein, ich würde dich zurück auf den Boden der Tatsachen holen. Du hättest gefühlt, wie wunderbar es sein kann, endlich dieses oder jenes Problem nicht mehr zu haben. Doch das Problem ist damit natürlich nicht automatisch weg!

Ich würde nun deine Wunder-Situation aufgreifen und fragen: »Auf einer Skala von 0 bis 10, wobei 10 der Zustand ist, wie du ihn nach dem Wunder beschrieben hast, und 0 das genaue Gegenteil ist: Wo stehst du bezüglich deines Problems aktuell in deinem Leben?« Die allermeisten Menschen stehen nicht bei 0, sondern irgendwo zwischen 1 und 5. Nehmen wir einmal an, du stündest auf Stufe 4. Dann hätte ich nun eine Reihe von Fragen, die im Grunde wieder zu unserem zweiten Schritt wechseln: »Was ist auf Stufe 4 besser als auf Stufe 0?« oder »Was gelingt dir auf Stufe 4 besser als auf Stufe 2?« Deine Antworten zeigen wiederum deine Ressourcen auf, die du selbst jetzt, im Moment der vielleicht verzweifelten Hilfesuche, in dir siehst. Und dann würde ich auch nach konkreten Lösungen – wiederum vor allem für dein Unbewusstes – fragen: »Was wären drei sichere Anzeichen dafür, dass du auf Stufe 6 angelangt bist? Was würde dir dann besser gelingen?«

Wenn es deinerseits nun nichts mehr Wichtiges zu sagen gäbe, würde ich dir herzlich danken. Dazu gehört auch, dass ich dir sagen würde, wovon ich an dir und deiner Situation beeindruckt bin. Ich würde dir viel

Wertschätzung angesichts deiner Haltung, deiner Bemü-
hung, deinem Willen entgegenbringen.

Bevor wir einen neuen Termin vereinbaren, würde ich
dir noch eine kurze Aufgabe mit auf den Weg geben.
Auch hier muss wieder zwischen der bewussten und der
unbewussten Arbeit unterschieden werden. Falls wir sehr
handlungsorientiert verfahren wären, würde ich dir die
Aufgabe geben, die erörterten Lösungen anzuwenden
und die Situationen so zu beobachten, dass du mir bei der
nächsten Sitzung erzählen könntest, was gelungen ist.
Wollte ich hingegen vor allem dein Unbewusstes ansprech-
en, würde ich eventuell nur folgende Aufgabe geben:
»Denk ab und zu an deine Wundersituation.« Denn im
Grunde ist eine Aufgabe nicht entscheidend: Dein Unbewusstes wird dich mehr oder weniger automatisch dazu
treiben, das in deinem Wunder Gesehene umzusetzen.
Denn die eigentliche Arbeit geschieht nie in den Sitzun-
gen, sondern immer in der Zeit dazwischen.

Das ist der Grund, weshalb ich in der Folgesitzung
fragen würde: »Was war seit der letzten Sitzung besser?«
Und dann folgt wieder die Ergründung, was du anders
gemacht hast, wie dir das gelungen ist oder wodurch die
Verbesserung begünstigt wurde. Es geht immer ausschließlich um Lösungen!

Das Vorgehen mag sehr einfach klingen und es kann
sein, dass du dir nicht vorstellen kannst, dass eine solch
»oberflächliche« Lösungssuche erfolgreich sein kann. Ich
kann dir sagen: Sie ist es sehr häufig. Denn die Tatsache,
dass du intensiv mit einem unbeteiligten Menschen über

deine Herausforderungen gesprochen hast und dabei einige vergangene Erfolge analysiert hast, führt dazu, dass sich deine Situation verbessert. Auch die Arbeit deines Unbewussten wird dazu beitragen, dass sich einiges verändert. Und ganz allgemein darf man nie vergessen: Ein solches Gespräch kann nicht *nichts* ändern. Es wird immer eine Dynamik im System auslösen, die zu Veränderungen führt. Dass das nicht unbedingt nach *einer* Sitzung ausreichend ist, mag sein, aber das System ist nun in Bewegung und du steuerst mehr und mehr in eine gute Richtung. Steve de Shazer sagte einmal den berühmten Satz: »It's simple but not easy«[39] – dem ist eigentlich nichts hinzuzufügen.

Die wichtigste Eigenschaft

Auf der Suche nach Lösungen dafür, wie durch gute Beziehung und effektive Methoden eine erfolgreiche Erziehung wird, bist du mittels unseres imaginären Kurzcoachings hoffentlich bereits einen Schritt weitergekommen. Damit hast du eine wichtige Grundlage dafür gelegt, dass es auch deinem Kind mit höherer Wahrscheinlichkeit besser geht. Denn nur, wenn es dir gut geht, kann es deinem Kind gut gehen. Nicht nur, weil du dann besser mit ihm umgehst, sondern vor allem auch, weil dein Kind durch dein Vorbild lernt. Eine wichtige Motivation, weshalb du an dir arbeiten solltest, ist also

---

[39] »Es ist einfach, aber nicht leicht.«

die: Wenn du willst, dass dein Kind glücklich ist, musst du ihm zeigen, wie man als erwachsener Mensch glücklich wird und glücklich lebt.

Nun haben wir am Anfang des Erziehungscoachings bereits gesagt, dass es natürlich unterschiedliche Themen geben kann, die Eltern beschäftigen und an denen sie arbeiten möchten. Jede Person und jede Situation sind hierbei anders. Trotzdem glaube ich, dass es eine grundlegende Eigenschaft gibt, die Eltern stetig verbessern sollten, um leichter zu einer erfolgreichen Erziehung zu gelangen. Das ist im Übrigen nicht nur meine Meinung, sondern einer der am häufigsten im Coaching angestrebten Eigenschaften: Gelassenheit.

Wir alle haben unbewusste Prinzipien. Wir wissen häufig nicht, *warum* wir etwas gut oder nicht gut finden, aber wir wissen, *dass* wir es gut oder nicht gut finden. Solche Prinzipien steuern unser Handeln, ohne dass wir so recht wissen, warum.

In der Erziehung führt dies dazu, dass wir Dinge verbieten, für die wir eigentlich keine echte Begründung haben. Absurd, oder?

Ein Beispiel dafür kann sein, dass dein Kind zuhause auf dem Tisch tanzt oder auch nur darauf sitzt und du dies sofort unterbindest. Würde ich dich fragen, was daran falsch sei, würdest du wahrscheinlich nur sagen können: »Das macht man doch nicht.«

Gerade weil diese Prinzipien unbewusst sind, ist es wichtig, dass du dich regelmäßig fragst: »Warum denn eigentlich nicht?«

Was spricht denn logisch betrachtet dagegen, dass das Kind auf dem Tisch tanzt? Welche stichhaltigen Argumente gibt es wirklich für ein Verbot? Ist es mehr ein symbolischer Grund à la »Auf dem Tisch herumtanzen = auf der Nase herumtanzen«? Wenn du es dir zur Gewohnheit machst, dir diese Fragen zu stellen, bevor du eingreifst, wirst du weit seltener aus Prinzip handeln.

Das wird dir anfangs kaum gelingen, mit der Zeit wirst du aber daran denken – vielleicht nicht immer *vor* der Intervention, aber möglicherweise direkt *danach*, sodass eine Korrektur leicht möglich ist. Ich bin fest davon überzeugt, dass wir uns eine Menge Konflikte mit unseren Kindern ersparen könnten, wenn wir gelassener fragen würden: »Warum denn eigentlich nicht?«

Wie sich diese Frage in der Praxis auswirken kann, zeigt Byron Katie, eine US-amerikanische Bestseller-Autorin. Sie berichtet über das leidige Thema *Socken aufheben*.[44] Alles Nörgeln und Strafen brachte nichts: Die Strümpfe lagen jeden Tag wieder auf dem Boden. Byron Katie erkannte, dass *sie* sich daran störte und demnach auch *sie* diejenige war, die die Socken aufheben musste.

Ja, ihre Befürchtung war sicherlich, dass die Kinder es dann nie lernten, Ordnung zu halten. Doch sie merkte, dass sie »entweder recht haben oder frei sein konnte.«

---

[44] Katie, Byron (2006): *Über Eltern und Kinder*. 1. Aufl. München: Goldmann (Arkana). Zit. n. Mik, Jeannine; Teml-Jetter, Sandra (2019): *Mama, nicht schreien! Liebevoll bleiben bei Stress, Wut und starken Gefühlen. - Mit zahlreichen Übungen und Notfallhilfe*. München: Kösel-Verlag. S. 140-141.

»Warum denn eigentlich nicht?« Sie begann, die Socken selbst wegzuräumen, was für sie keine große Arbeit war und ihr sogar viel Freude bereitete, da der Boden danach wieder frei war. Sie hob die Socken also nicht für ihre Kinder, sondern für sich selbst auf. Byron Katie hatte das Problem, nicht ihre Kinder, weshalb sie es selbst lösen musste. Dadurch befreite sie ihre Kinder von einem Druck, was dazu führte, dass diese tatsächlich selbst gelegentlich die Socken aufhoben. Solange die Kinder das Gefühl hatten, die Socken aufräumen zu müssen, weigerten sie sich; in dem Moment, wo es ihnen freigestellt war, packten sie selbst mit an. Doch man muss sie erst einmal in diese autonome Entscheidungsgewalt kommen lassen.

Dieses Beispiel zeigt: Mitunter bedeutet Gelassenheit schlichtweg, Dinge selbst zu tun. Dabei kann es nicht selten zu einer wichtigen Erkenntnis kommen: Wie häufig fordern wir Dinge von unseren Kindern, weil wir meinen, sie müssten diese lernen? Doch plötzlich — meist außer Haus, zum Beispiel in der Schule oder bei Besuchen — zeigen die Kinder freiwillig genau jenes Verhalten, das sie zuhause permanent vermissen lassen. Das heißt, im Grunde können sie das bereits, was wir durch unsere ständigen Kraftanstrengungen anerziehen wollen. Wenn es also weder um Erziehung geht noch darum, uns Arbeit abzunehmen, sondern schlichtweg ums Prinzip, dieses uns aber ohne Ende Nerven kostet — wäre es dann nicht gelegentlich besser, die Dinge ganz gelassen selbst zu tun, für uns?

Nicht nur dafür, sondern für dein gesamtes inspiriertes Erziehen wünsche ich dir viel Freude!

Zum Schluss: Danksagung

Erziehung ist nicht leicht. Aber Erziehung kann Spaß machen. Ich hoffe, dass dieses Buch dir genügend Inspiration und Begeisterung vermittelt hat, um Erziehung zu deinem Projekt zu machen. Die Challenge lautet: dich selbst und deine Kinder glücklich machen. Dabei wünsche ich dir viel Freude!

Zum Schluss soll nicht an Platz gespart werden, um einigen Menschen zu danken, ohne die dieses Buch niemals entstanden wäre. Zuerst danke ich meiner Frau Rebekka für alles gemeinsame Erproben von pädagogischen Ideen, für alle kritischen Rückmeldungen, fürs unzählige Korrekturlesen – immer und bei allen Büchern – und vor allem dafür, dass du oft die emotionale und empathische Komponente in unsere Erziehung einbringst. Ich danke meinen drei Kindern Ruby, Edgar und Nuno für das kostenlose Lebenscoaching. Ohne euch würde mir nicht nur unendlich viel Freude im Leben fehlen, sondern das meiste Wissen über Erziehung wäre graue Theorie: Ihr habt mich gelehrt, dass die allermeisten wunderbaren Ideen an einem nächtlichen Wutanfall scheitern. Danke fürs Demütig-Machen. ♥

Ich danke meiner lieben Cousine Elli für das erste Korrekturlesen und die wertvollen Tipps, nicht nur pädagogischer, sondern auch sprachlicher Art.

Nicht zuletzt danke ich all meinen pädagogischen Vorbildern aus früheren Tagen und heutiger Zeit, meinen

pädagogischen Sparringspartnerinnen und Sparringspart-
nern, meinen Professorinnen und Professoren der Uni
Kassel und der Uni Hamburg sowie meinen Ausbilderin-
nen und Ausbildern – ihr alle habt mein Denken über
Erziehung wesentlich geprägt.